ऑपरेटर एडवांस्ड मशीन टूल प्रथम वर्ष हिन्दी MCQ

मनोज डोळे

डिजिटाइजेशन समय की मांग है। भविष्य में, प्रशिक्षण को अधिक सुविधाजनक और आसान बनाने के लिए ऑनलाइन इंटरनेट का उपयोग करके औद्योगिक प्रशिक्षण संस्थानों में प्रशिक्षण आयोजित करने की आवश्यकता होगी। एमसीक्यू प्रश्नों के एक सेट वाली ई-पुस्तकें प्रशिक्षुओं को उपलब्ध कराई जाएंगी क्योंकि उन्हें अपने औद्योगिक प्रशिक्षण संस्थानों में होने वाली ऑनलाइन परीक्षाओं की तैयारी के लिए बहुविकल्पीय प्रश्नों एमसीक्यू के अधिक आदी होने की आवश्यकता है।

इन सब बातों को ध्यान में रखते हुए औद्योगिक प्रशिक्षण संस्थान सतारा के प्रशिक्षक श्री मनोज मधुकर डोले ने नई वार्षिक प्रणाली और एनएसक्यूएफ-5 पाठ्यक्रम के अनुसार पुस्तकें लिखी हैं। और उन्होंने प्रशिक्षण को आसान बनाने के लिए सैद्धांतिक मोबाइल ऐप और ब्लॉग बनाए हैं, और इन सभी शैक्षिक सामग्री को विश्व प्रसिद्ध वेबसाइटों Google Play Store, Amazon और Apple Book Store पर डाउनलोड के लिए उपलब्ध कराया है।

पुस्तकों का प्रकाशन माननीय सहसंचालक श्री राजेंद्र घुमे साहेब प्रादेशिक व्यावसायिक शिक्षण व प्रशिक्षण कार्यालय, पुणे द्वारा दिनांक 9/1/2019 को किया गया, इस समय श्री प्रकाश सहगवकर साहब प्राचार्य शासकीय औद्योगिक प्रशिक्षण संस्थान औंध पुणे, श्री तुकाराम मिसाल साहेब प्राचार्य सरकार प्र. संस्था सतारा, श्री सचिन धूमल साहब जिला व्यावसायिक शिक्षा एवं प्रशिक्षण अधिकारी सतारा, श्री यतिन परगांवकर साहब प्राचार्य शासन. Q. संस्था कोल्हापुर, श्री विकास टेक साहब इंस्पेक्टर वोकेशनल एजुकेशन एंड ट्रेनिंग रीजनल ऑफिस पुणे, पालेकर फूड्स प्रोडक्ट्स प्रा. लि. सतारा के उद्यमी अध्यक्ष श्री नीलकंठराव पालेकर साहब, हीरा फूड्स के अध्यक्ष श्री इब्राहिम बाबा तंबोली साहब, श्रीमती शाल्मली पवार मुख्याध्यापिका शासकीय तकनीकी विद्यालय केंद्र सतारा सहित अन्य गणमान्य व्यक्ति इस अवसर पर उपस्थित थे।

क्रम-सूची

प्रस्तावना

ऑपरेटर एडवांस्ड मशीन टूल फर्स्ट ईयर एमसीक्यू आईटीआई और इंजीनियरिंग कोर्स के लिए एक सरल बुक है ऑपरेटर एडवांस्ड मशीन टूल फर्स्ट ईयर, संशोधित एनएसक्यूएफ सिलेबस , इसमें रेखांकित और बोल्ड सही उत्तरों के साथ वस्तुनिष्ठ प्रश्न हैं, एमसीक्यू में नवीनतम और महत्वपूर्ण सहित सभी विषयों को शामिल किया गया है। व्यापार से संबंधित सुरक्षा पहलू के बारे में, बुनियादी फिटिंग संचालन जैसे, बनाना, फाइलिंग, काटने का कार्य, छेनी, ड्रिलिंग, टैपिंग, पीस और शीट धातु का काम। व्यावहारिक में मशीनों के बुनियादी रखरखाव के साथ-साथ विभिन्न मोड़ और मिलिंग कार्यों द्वारा घटकों का उत्पादन भी शामिल है। व्यावहारिक प्रशिक्षण, यह पीसने की मशीन के संचालन से शुरू होता है और विभिन्न विशेष मशीनों पर विस्तृत जानकारी प्रदान की जाती है। इसके बाद विभिन्न उन्नत टर्निंग और मिलिंग मशीनों के संचालन के साथ-साथ विभिन्न संचालन और विनिर्माण घटकों के व्यापक कवरेज के साथ, टेपर टर्निंग, एक्सेंट्रिक टर्निंग, बोरिंग, स्क्रू थ्रेड, मल्टी स्टार्ट थ्रेड, गैंग मिलिंग, स्प्लिन और विभिन्न गियर। विभिन्न उपकरणों और गेजों का उपयोग करने वाले घटकों का और निरीक्षण और मशीनों की ज्यामितीय सटीकता का परीक्षण किया जाता है। और बहुत अधिक।

हम प्रत्येक नए संस्करण के साथ नए प्रश्न उत्तर जोड़ते हैं। किसी भी त्रुटि/चूक के मामले में कृपया हमें ईमेल करें। यह यकीनन सभी इंजीनियरिंग बहुविकल्पीय प्रश्नों और उत्तरों के लिए सबसे बड़ी और सर्वश्रेष्ठ ई-बुक है।

एक छात्र के रूप में आप इसे अपनी परीक्षा की तैयारी के लिए उपयोग कर सकते हैं। यह ई-पुस्तक प्रोफेसरों के लिए सामग्री को ताज़ा करने के लिए भी उपयोगी है।

भूमिका

डीजीईटी नई दिल्ली और सीएसटीएआरआई कोलकाता अगस्त 2018 सत्र से आईटीआई में सभी व्यवसायों के लिए एक वार्षिक पैटर्न लागू कर रहे हैं। परीक्षा प्रणाली में भी बदलाव किया जाएगा और यह इस साल से ऑनलाइन हो जाएगी और चूंकि सभी प्रश्न वस्तुनिष्ठ प्रकार (एमसीक्यू) के हैं, इसलिए प्रशिक्षुओं को गहन अध्ययन की सख्त जरूरत है। इसे ध्यान में रखते हुए हमें पुराने NIMI पैटर्न पर आधारित पुस्तकें और नए वार्षिक पैटर्न का संपूर्ण अवलोकन प्रस्तुत करते हुए प्रसन्नता हो रही है, और हम आशा करते हैं कि ये पुस्तकें सभी व्यावसायिक निदेशकों और प्रशिक्षुओं के लिए एक मार्गदर्शक होंगी। है।

इन पुस्तकों को लिखने के लिए आईटीआई अकलुज के प्राचार्य जोहर अवाटे साहब ने कहा। आईटीआई सतारा सहगवकर साहब के पूर्व प्राचार्य, सहायक निदेशक श्री चंद्रकांत ढेकने साहेब क्षेत्रीय व्यावसायिक शिक्षा एवं प्रशिक्षण कार्यालय, पुणे, जिला व्यावसायिक शिक्षा एवं प्रशिक्षण अधिकारी सचिन धूमल साहेब एवं प्रधानाध्यापक शासकीय तकनीकी विद्यालय केन्द्र शाल्मली पवार मैडम एवं पुत्र अधिराज डोले, माता कुसुम डोले , मैं अपने पिता मधुकर डोले और पत्नी अश्विनी डोले को समय-समय पर उनके विशेष मार्गदर्शन और सहयोग के लिए बहुत आभारी हूं।

साथ ही, बहुत ही कम समय में श्री राजेन्द्र घुमे साहेब, संयुक्त निदेशक, व्यावसायिक शिक्षा और प्रशिक्षण क्षेत्रीय कार्यालय, पुणे द्वारा पुस्तक के प्रकाशन में उनके अमूल्य समय के लिए पुस्तक की समीक्षा की गई। मैं उनकी प्रतिक्रिया के लिए हृदय से आभारी हूँ।

पुस्तक लिखने की शुरुआत से ही निरंतर समर्थन के लिए मैं आईटीआई सतारा के प्रशिक्षक का आभारी हूं।

इस पुस्तक से, मैं खुद को धन्य मानता हूं कि मैंने आपके साथ ई-लर्निंग पर अपने विचार साझा किए। मैं यह दावा नहीं करूंगा कि यह पुस्तक पूर्ण है, क्योंकि पूर्णता को देखते हुए यह पुस्तक एक प्रयास है और अपनी शैशवावस्था में है। यदि उनका परीक्षण और सुझाव दिया जाए तो वे सुधार के लिए मूल्यवान होंगे।

मनोज डोले

दिनांक 9/1/2019

पावती (स्वीकृति)

21वीं सदी में औद्योगिक क्षेत्र में तेजी से बढ़ती मांग के अनुरूप बहु-कुशल कारीगरों की आपूर्ति के लिए व्यावसायिक शिक्षा और प्रशिक्षण विभाग के माध्यम से व्यावसायिक शिक्षा और प्रशिक्षण विभाग के माध्यम से व्यावसायिक शिक्षा और प्रशिक्षण प्रदान किया जाता है। संस्थानों के भीतर सभी व्यवसाय महत्वपूर्ण हैं, क्योंकि इन व्यवसायों के प्रशिक्षु उद्योग की मांगों के अनुसार बहु-कौशल विकसित करते हैं।

सभी व्यवसायों के लिए उपयुक्त एमसीक्यू ई-पुस्तकें उपलब्ध कराने के नेक इरादे से, यह देखते हुए कि औद्योगिक क्षेत्र के सभी उद्योगों में सभी परीक्षाएं ऑनलाइन आयोजित की जाती हैं और इसमें एमसीक्यू पद्धति के प्रश्न शामिल होते हैं। श्री मनोज मधुकर डोले ने नए वार्षिक पाठ्यक्रम के अनुसार एमसीक्यू पद्धति पर एक बहुत अच्छी ई-बुक लिखी है। यह ई-पुस्तक निश्चित रूप से सभी प्रशिक्षुओं, प्रशिक्षु उम्मीदवारों, प्रशिक्षण प्रशिक्षकों और अन्य संबंधितों के लिए एक मार्गदर्शक होगी।

पुस्तक के लेखक श्री मनोज मधुकर डोले, इंस्ट्रक्टर गॉव आईटीआई सतारा को 17 साल का प्रशिक्षण अनुभव है। एक नए वार्षिक पैटर्न के रूप में लिखी गई, यह ई-बुक प्रत्येक विषय के लिए लेआउट, सरल भाषा और सरल सिंटैक्स, आरेख और वीडियो को समझने के लिए आधुनिक डिजिटल क्यूआर कोड तकनीक को शामिल करती है। इसलिए मुझे विश्वास है कि यह ई-पुस्तक निश्चित रूप से गहन अध्ययन और परीक्षा अभ्यास के लिए उपयोगी होगी। उन्होंने जो कार्य किया है वह निश्चित रूप से काबिले तारीफ है।

श्री तुकाराम मिसाल
प्राचार्य शासकीय औद्योगिक प्रशिक्षण संस्था सातारा.

आमुख

हमारे औद्योगिक प्रशिक्षण संस्थानों की औद्योगिक प्रशिक्षण और सैद्धांतिक परीक्षा प्रणाली और इन परिवर्तनों को शिल्प प्रशिक्षकों और प्रशिक्षुओं द्वारा स्वीकार किया गया है। आपके औद्योगिक प्रशिक्षण संस्थानों में आयोजित सैद्धांतिक परीक्षाएं भी ऑनलाइन आयोजित की जाती हैं। चूंकि ये परीक्षाएं बहुविकल्पीय एमसीक्यू पद्धति की हैं, इसलिए प्रशिक्षुओं को ऐसे प्रश्नों का अधिक अभ्यास करने की आवश्यकता होगी।

इन सब बातों को ध्यान में रखते हुए श्री मनोज मधुकर, निदेशक, डोले क्राफ्ट्स, कटारी औद्योगिक प्रशिक्षण संस्थान, सतारा, ने नई वार्षिक प्रणाली और NSQF-5 के अनुसार, गहन अध्ययन किया है और अपनी मेहनत से और अपनी गहरी बुद्धि को जोड़ा है। पाठ्यक्रम, कटारी और अन्य मशीन ट्रेडों की ई-बुक। -बुक) और उन्होंने प्रशिक्षण को आसान बनाने के लिए सैद्धांतिक विषयों पर मोबाइल ऐप और ब्लॉग बनाए हैं और इन सभी शैक्षिक सामग्री को विश्व प्रसिद्ध वेबसाइटों Google Play Store, Amazon और Apple Book Store पर डाउनलोड के लिए उपलब्ध कराया है। प्रिंट संस्करण बनाकर और क्यूआर कोड जैसी उन्नत तकनीकों का उपयोग करके प्रशिक्षण को आसान बना दिया गया है।

ये सभी शैक्षिक सामग्री निश्चित रूप से सभी प्रशिक्षुओं के लिए गहन अध्ययन के लिए और शिल्प प्रशिक्षकों और अन्य संबंधितों के लिए एक मार्गदर्शक होगी जो व्यावसायिक प्रशिक्षण प्रदान कर रहे हैं।

1

ऑपरेटर एडवांस्ड मशीन टूल प्रथम वर्ष QR Code Images

Download App
Online Test Exam
ITI Books
AutoCAD CAM
JOB & Apprentice
Online Theory
Computer Course
Trading Course
CNC Course
MSCIT Course
Shopping Business
Internet Business
Web Designing
Online Services
Top Sportsmans
Indian Army
Freedom Fighters
Top Scientists
Social Reformers
Motivational Speaker
Top Richest People
Join WhatsApp Group
Join Facebook Group
Like Facebook Page
PAN / Adhar / Licence Passport

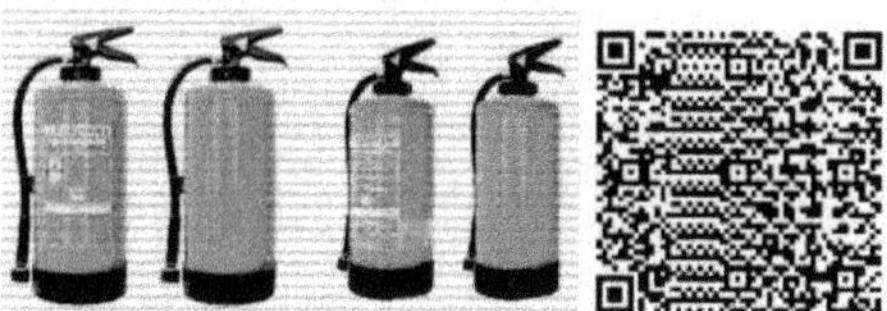

Fire extinguisher

Calliper

Hacksaw frame

Universal surface guage

Hammer

Centre punch

Bench vice

Files

Scraper

Surface Plate

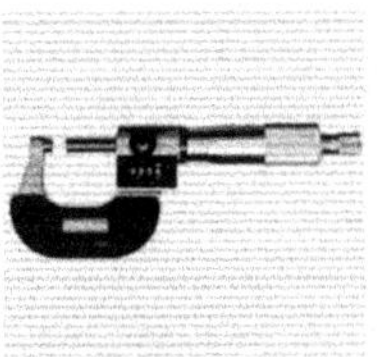

Outside Micrometer

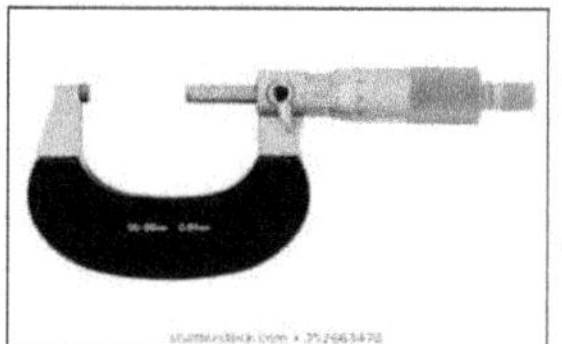

Micrometer

Depth micrometer

Vernier Calliper

Vernier bevel protractor

Drilling

Reamer

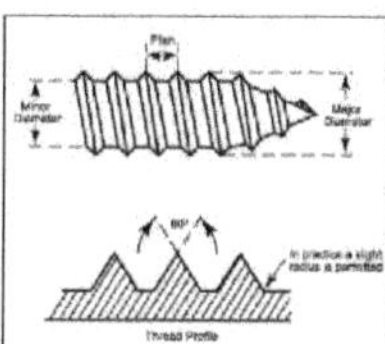 

Thread

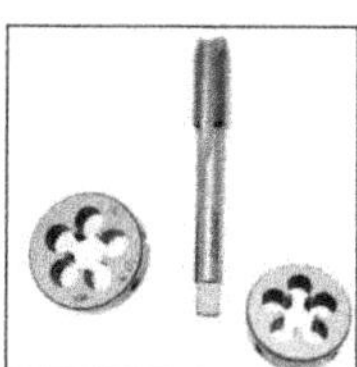 

Tap Die

Grinding Wheel

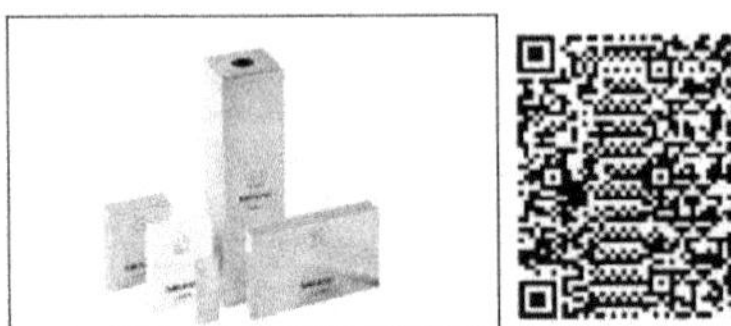

Slip gauge

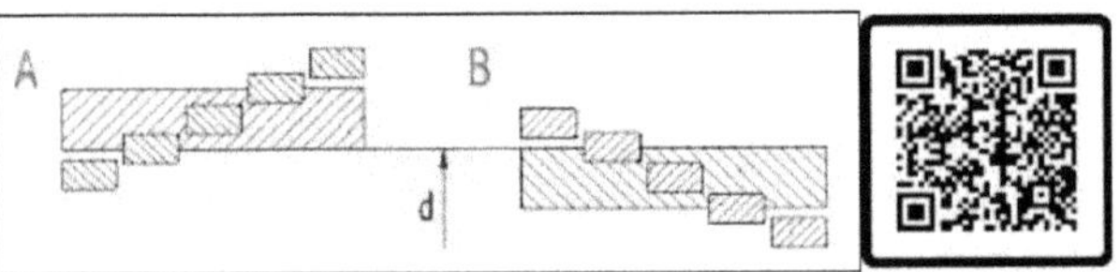

Limit fit tolerance

Lathe Machine

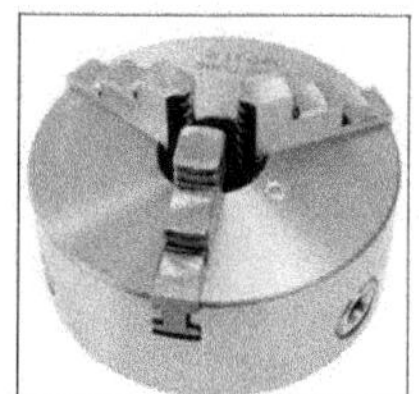

Lathe chuck

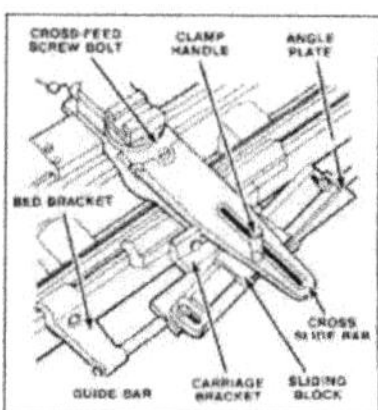

Taper turning attachment

taper ring gauge

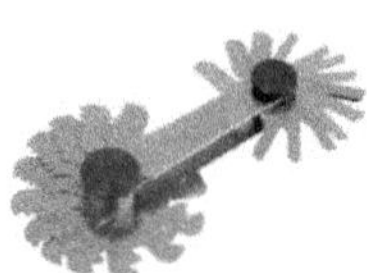 

screw pitch gauge

Gear

screw pitch gauge

Tap Die

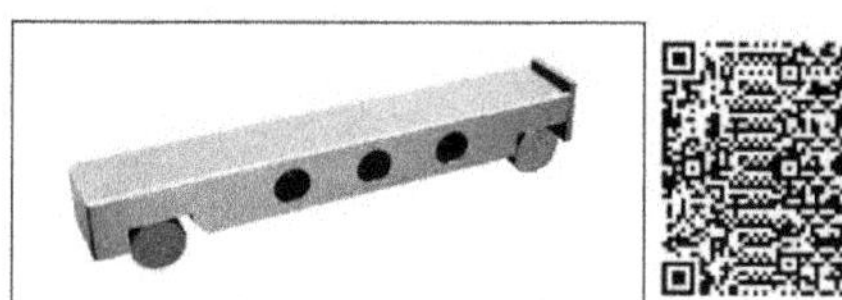

Sine bar

Slip gauge

Dial test indicator

Telescopic gauge

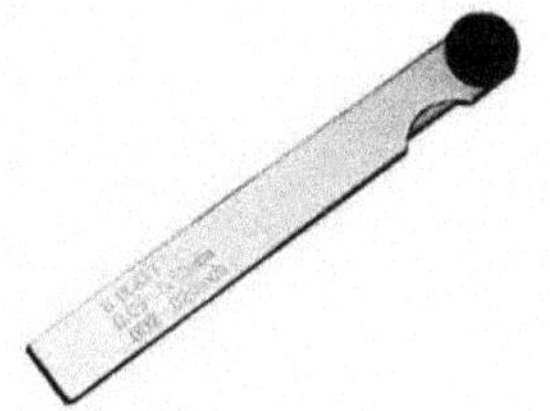

Feeler gauge

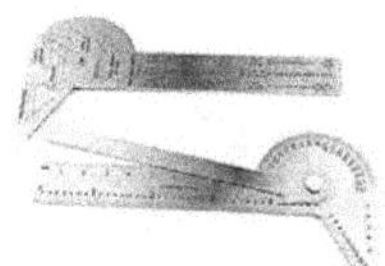

Centre gauge

Jig

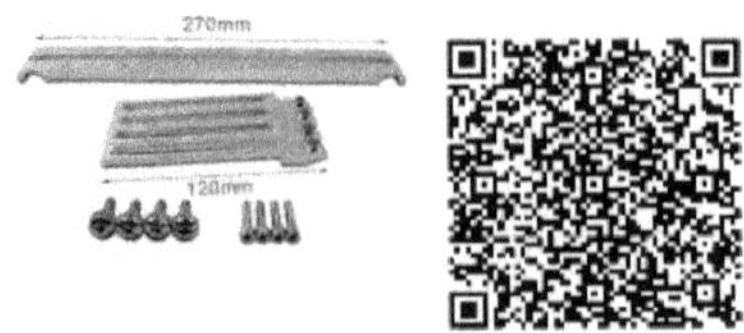

Fixture

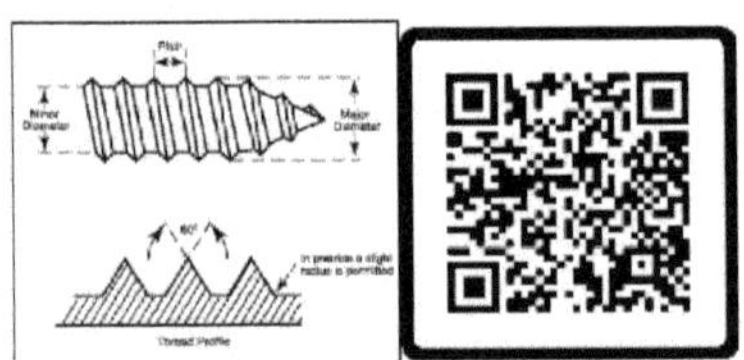

Thread

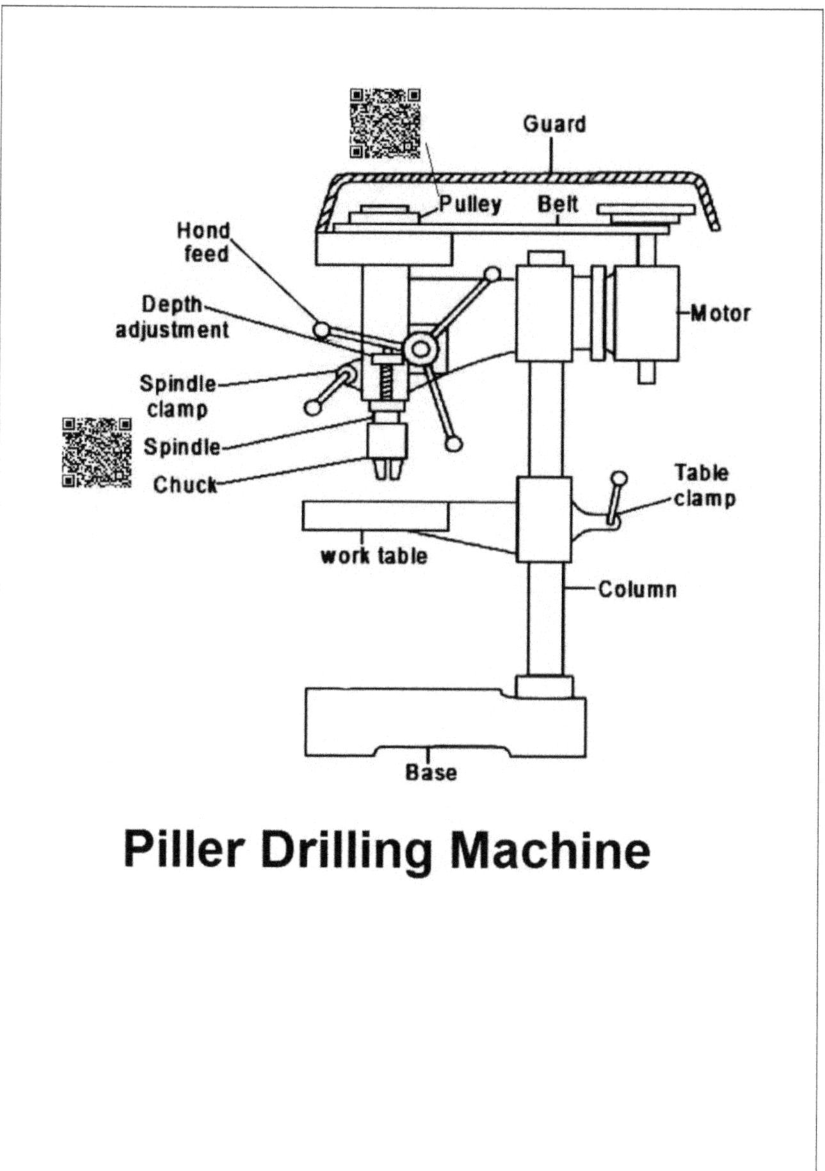
Guard
Pulley
Belt
Hond
feed
Depth
adjustment
Motor
Spindle
clamp
Spindle
Chuck
Table
clamp
work table
Column
Base
Piller Drilling Machine

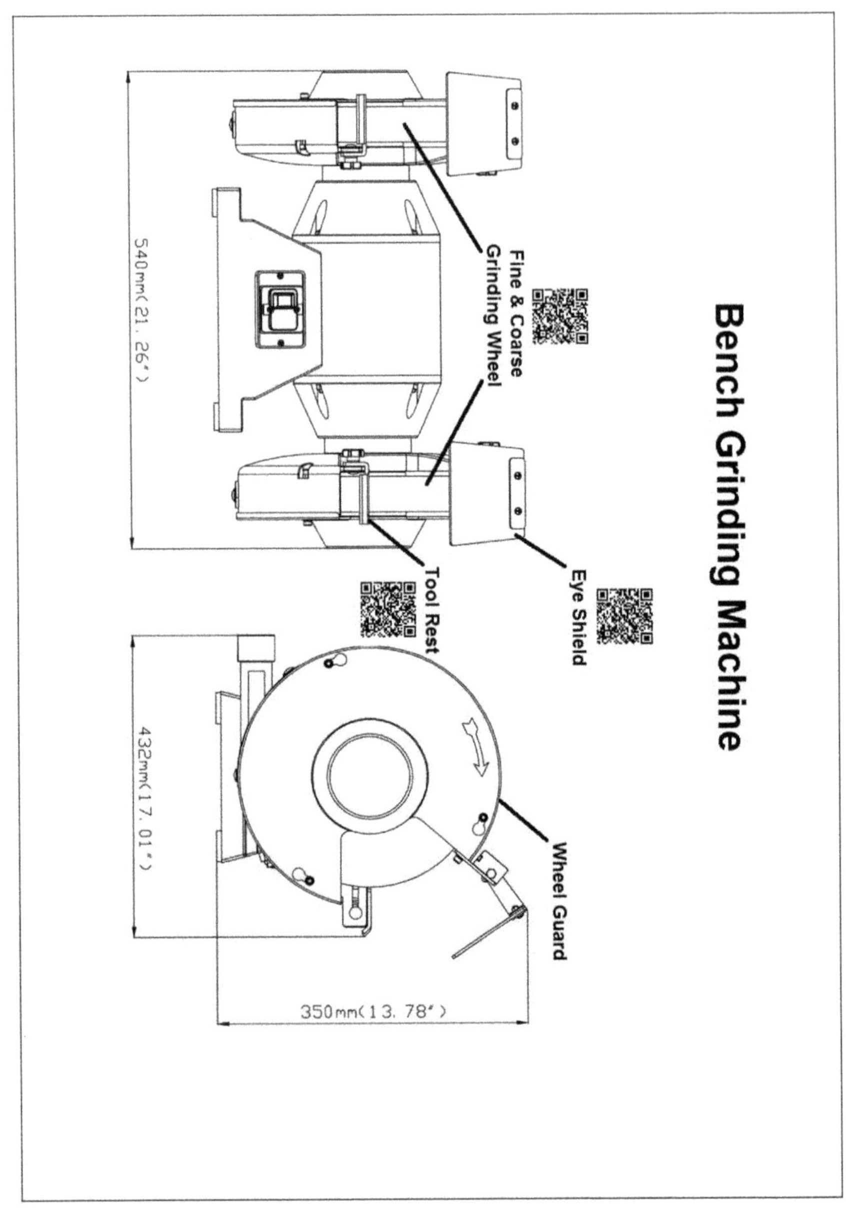
Bench Grinding Machine
Fine & Coarse
Grinding Wheel
Eye Shield
Tool Rest
Wheel Guard
540mm(21. 26")
432mm(17. 01")
350mm(13. 78")

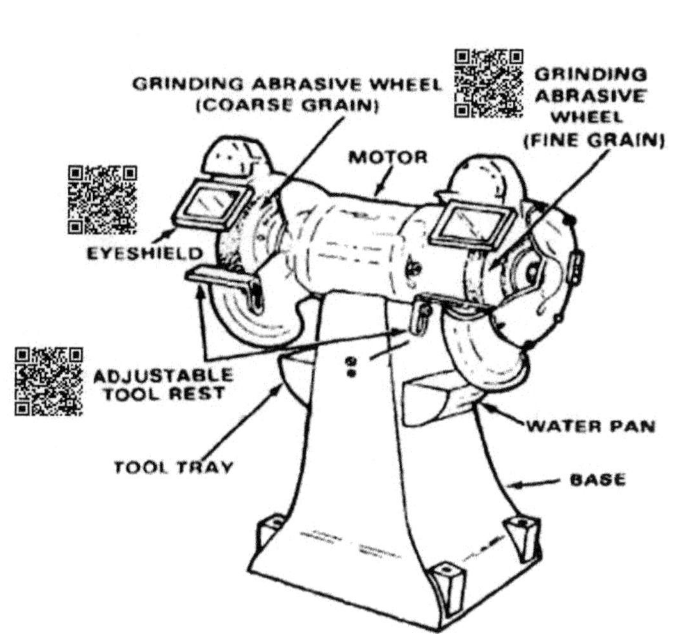

Pedastal Grinding Machine

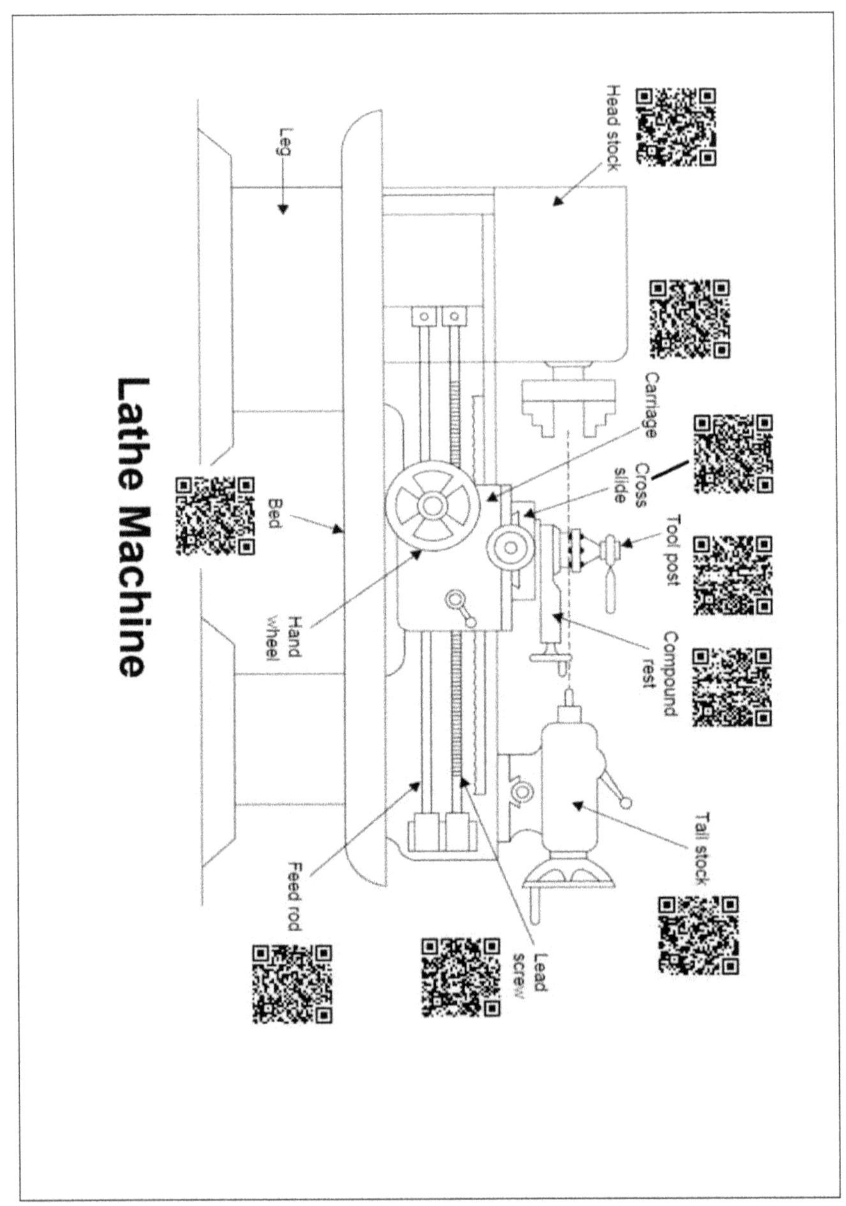
Lathe Machine
Head stock
Carriage
Cross slide
Tool post
Compound rest
Tail stock
Lead screw
Feed rod
Hand wheel
Bed
Leg

PLAIN OR HORIZONTAL MILLING MACHINE

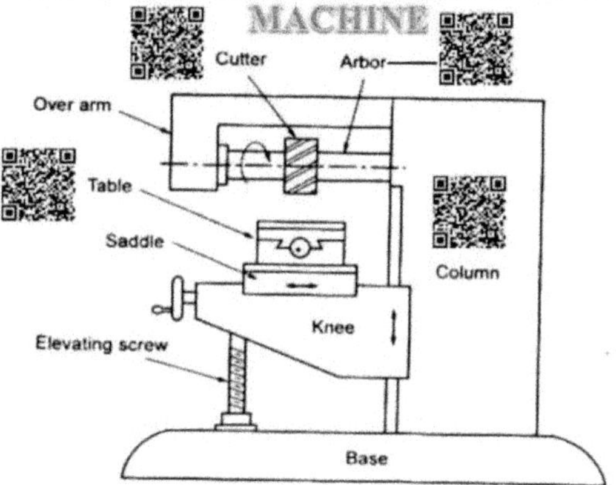

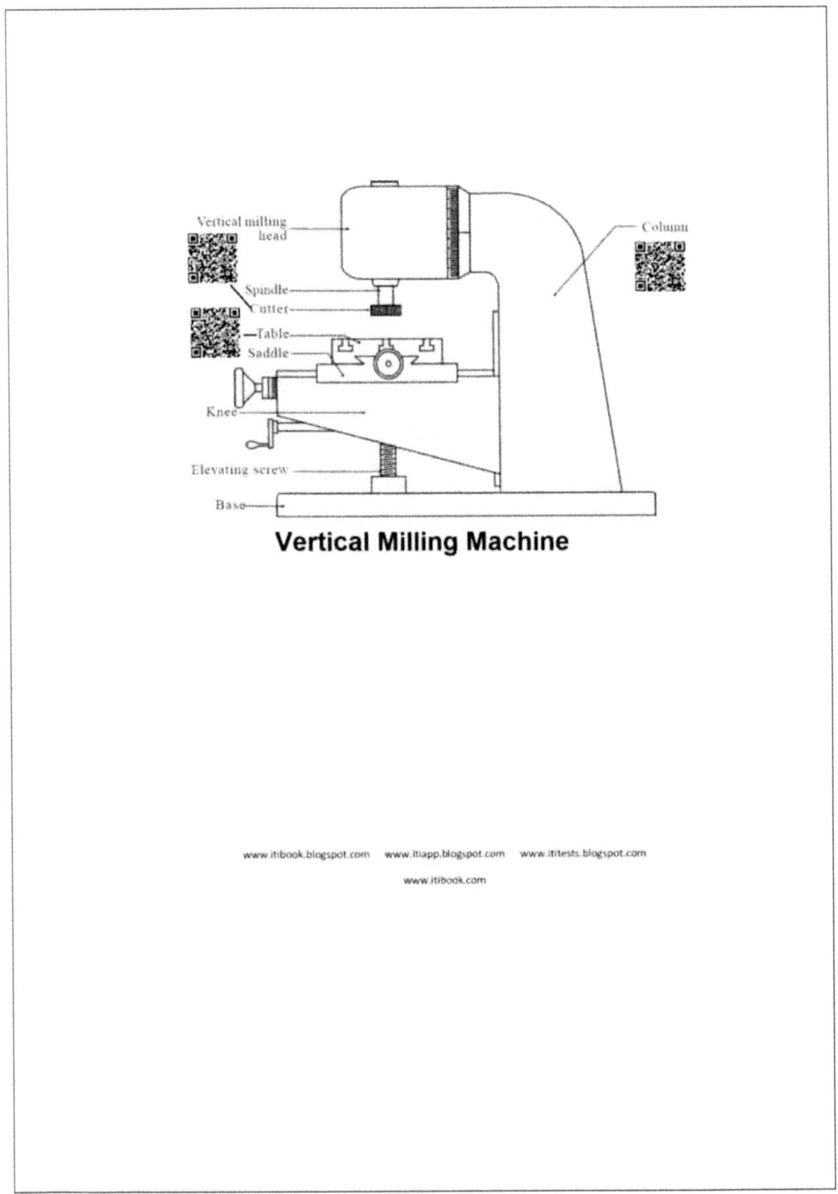

Vertical Milling Machine

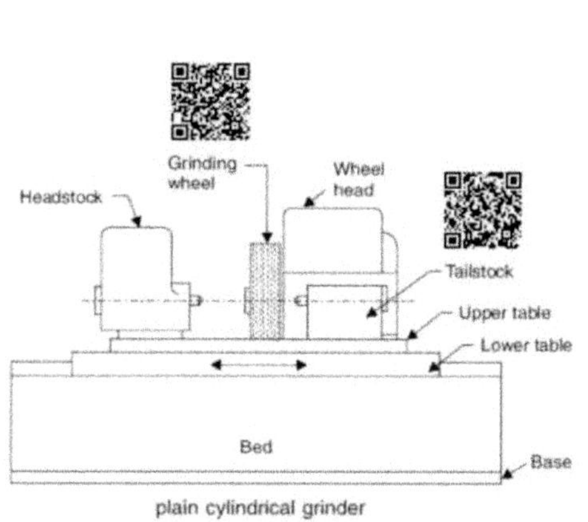

plain cylindrical grinder

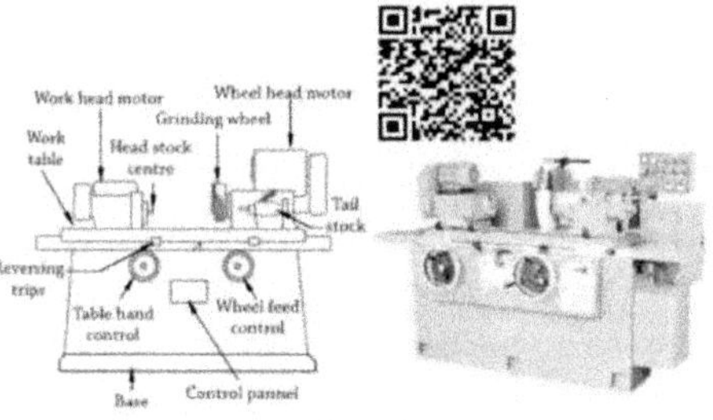

Cylindrical grinding machine

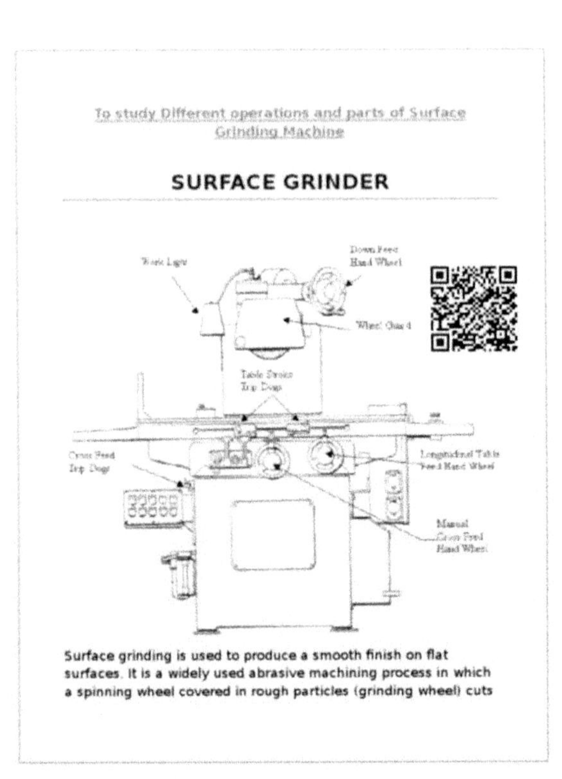

To study Different operations and parts of Surface Grinding Machine

SURFACE GRINDER

Surface grinding is used to produce a smooth finish on flat surfaces. It is a widely used abrasive machining process in which a spinning wheel covered in rough particles (grinding wheel) cuts

2

ऑपरेटर एडवांस्ड मशीन टूल प्रथम वर्ष हिंन्दी MCQ

1] कौन सी वर्कशॉप सेफ्टी है?

ए] दुकानकेफर्शकोसाफऔरग्रीस, तेलयाअन्यफिसलनसामग्रीसेमुक्तरखें

बी] गति बदलने से पहले मशीन बंद करो

सी] फटे या चिपके हुए औजारों का प्रयोग न करें

D] चल रही मशीन को हाथ से रोकने की कोशिश न करें

2] पर्सनल प्रोटेक्ट इक्विपमेंट (पीपीई) में हेल्मेट का उपयोग किया जाता है

ए] सिरकीरक्षाकरें

बी] आंखों की रक्षा करें

सी] हाथों की रक्षा करें

डी] कानों की रक्षा करें

3] निम्नलिखित में से कौन सामान्य सुरक्षा से संबंधित है?

A एक कार्यकर्ता को अच्छे व्यवहार में रखें

बी] काम साफ और स्पष्ट

सी] अपने काम पर ध्यान लगाओ

डी] फर्शऔरगैंगवेकोसाफऔरसाफरखें

4] पीसते समय आंखों की सुरक्षा के लिए किसका प्रयोग किया जाता है?

ए] गहरा हरा कांच

बी] मुखौटा

सी] धूप का चश्मा

डी] सुरक्षाचश्मा

5] मशीन सुरक्षा के लिए निम्नलिखित में से क्या किया जाता है?

ए] मशीनशुरूकरनेसेपहलेतेलकेस्तरकीजांचकरें

बी] चीजों को व्यवस्थित तरीके से करें

सी] फर्श और गैंगवे को साफ और साफ रखें

डी] डाई और स्कार्फ का प्रयोग न करें

6] पर्सनल प्रोटेक्ट इक्विपमेंट (पीपीई), 'स्लीव्स' का इस्तेमाल ---------- की सुरक्षा के लिए किया जाता है

एक चेहरा

बी] आंखें

सी] कान

डी] हाथ

7] एबीसी का मतलब --------------

ए] स्वचालित श्वास नियंत्रण

बी] स्वचालित रक्त नियंत्रण

सी] वायुमार्गश्वासपरिसंचरण

डी] स्वचालित रक्त परिसंचरण

8] आग और आग बुझाने वाले

fire extingusher Fire Extingusher

अग्निशामक: आग

9] "क्लास बी" की आग को बुझाने के लिए किस प्रकार के अग्निशामक यंत्र का उपयोग किया जाता है ....

ए] शुष्कशक्ति

बी] कार्बन डाइऑक्साइड

सी] पानी की जेट

डी] फोम प्रकार

10] सामान्य आग को बुझाने के लिए किस प्रकार के अग्निशामक यंत्र का उपयोग किया जाता है?

ए] जलप्रकारबुझानेवाला
बी] फोम प्रकार बुझाने वाला
सी] शुष्क रासायनिक पाउडर एक्सटिंगुइशर
डी] कार्बन डाइऑक्साइड (C02] बुझाने वाला)
11] खून बहने की स्थिति में उपचार करें
डी] ठंडा 3" और आराम
ए] ठंडेपानीकाछिड़कावकरें
बी] तुरंत पट्टी -----।
बी] दुर्घटना विचार उपचार के बारे में पूछताछ

safety workshop safety

12] दुर्घटना की स्थिति में पीड़ित को
ए] आराम करने के लिए कहा
सी] तुरंतभागलिया
डी] उसे छोड़ दो
13] प्राथमिक उपचार किसी घायल या बीमार व्यक्ति को प्राथमिक रूप से दिया जाता है....
ए] जीवन बचाओ
बी] मफ की और गिरावट को रोकें
सी] सर्वोत्तम संभव आराम दें
डी] येसभी
14] बेकार कागज को अलग करने के लिए डिब्बे का रंग कोड है -----
ए] नीलारंग
बी] पीला रंग
सी] लाल रंग
डी] हरा रंग
15] जापानी में Seiko का अर्थ -------------- होता है
ए] शाइन
बी] क्रमबद्ध करें
सी] मानकीकरण

डी] सस्टेनेबल
16] एसएस प्रणाली का लाभ है ------
ए] उत्पादकता में वृद्धि
बी] गुणवत्ता में वृद्धि
सी] समय की बर्बादी में कमी
डी] येसभी
17] सुरक्षा है -----------
ए] किसी का व्यवसाय नहीं
बी] हरबॉडीबिजनेस
सी] कुछ निकायों का व्यवसाय
डी] संगठन व्यवसाय
18] सुरक्षा चिन्हों की बुनियादी श्रेणियों के लिए "निषेध" चिन्ह का अर्थ उपलब्ध है ----
ए] दिखाताहैकियहनहींकियाजानाचाहिए
बी] दिखाता है कि क्या किया जाना चाहिए
सी] खतरे या खतरे की चेतावनी देता है
डी] सुरक्षा प्रावधान की जानकारी देता है
18] एक माइक्रोमीटर (U) बराबर होता है...
ए] 0.1 मिमी
बी] 0.01 मिमी
सी] 0.001 मिमी
डी] 0.0001 मिमी
19] एक स्लॉट की चौड़ाई मापने के लिए कैलीपर है...
ए] अजीब पैर कैलिपर
बी] बाहरी कैलिपर
सी] जेनी कैलिपर
डी] कैलिपरकेअंदर

caliper hand tools

कैलिपर

20] डिवाइडर का आकार ----------- द्वारा निर्दिष्ट किया जाता है

ए] पैरों की कुल लंबाई

बी] पूरी तरह से खुलने पर बिंदुओं के बीच की दूरी

सी] बिना बिंदुओं के पैरों की लंबाई

डी] धुरीऔरबिंदुकेबीचकीदूरी

21] डेटम किनारे के समानांतर समानांतर रेखाओं को चिह्नित करने के लिए इस्तेमाल किया जाने वाला उपकरण है -

ए] जेनीकैलिपर

बी] डिवाइडर

सी] बाहरी कैलिपर

डी] कैलिपर के अंदर

22] निम्नलिखित में से कौन सा एक अप्रत्यक्ष माप उपकरण है?

ए] बाहरीकैलिपर

बी] वर्नियर कैलिपर

सी] स्टील नियम

डी] बाहरी माइक्रोमीटर

23] पतली टयूबिंग काटने के लिए, हैक्सॉ ब्लेड की सबसे उपयुक्त पिच है...

ए] 1.8 मिमी

बी] 1.4 मिमी

सी] 1 मिमी

डी] 0.8 मिमी

24] ठोस पीतल काटने के लिए, हैक्सॉ ब्लेड की सबसे उपयुक्त पिच है...

ए] 1.8 मिमी

बी] 1.4 मिमी

सी] 1 मिमी

डी] 0.8 मिमी

hacksaw Hacksaw Frame Blade

हक्सॉ फ्रेम

25] एक नया हैक्सॉ ब्लेड कुछ स्ट्रोक के बाद ढीला हो जाता है क्योंकि...

ए] <u>ब्लेडकाखिंचाव</u>

बी] विंग-अखरोट के धागे खराब हो रहे हैं

सी] ब्लेड की गलत पिच

डी] आरी के सेट का अनुचित चयन।

26] छोटे व्यास के पाइपों को काटते समय नियमित रूप से देखने और यह सुनिश्चित करने की सलाह दी जाती है कि...

ए] कट घुमावदार रेखा के साथ है

बी] <u>अधिकदेखादांतअनुबंधमेंहैं</u>

सी] काम ज़्यादा गरम नहीं है

डी] हैकसॉ का उचित संतुलन बनाए रखा जाता है

27] वाइस क्लैम्प का उपयोग किया जाता है ...

ए] कठोर जबड़े की रक्षा करें

बी] काम के टुकड़ों को सख्ती से जकड़ें

सी] <u>तैयारसतहोंकीरक्षाकरें</u>

डी] जंगम जबड़े को दाखिल होने से रोकें

28] अंकन के दौरान संदर्भ सतह द्वारा प्रदान की जाती है ...

ए] भूतल गेज

बी] वर्कपीस

सी] काम का चित्रण

डी] <u>तालिकाकीसतहकोचिह्नितकरना</u>

29] एक इंजीनियर के वाइस का आकार किसके द्वारा निर्दिष्ट किया जाता है...

ए] जंगम जबड़े की लंबाई

बी] <u>जबड़ेकीचौड़ाई</u>

सी] वाइस की ऊंचाई

D] जबड़ों का अधिकतम खुलना

30] यूनिवर्सल सरफेस गेज का वह भाग जो एक डेटम एज के साथ समानांतर रेखा खींचने में मदद करता है, वह है ..

ए] रॉकर आर्म

बी] सुखद

सी] ठीक समायोजन पेंच

डी] <u>गाइडपिन</u>

universal surface gauge

Surface Gauge

यूनिवर्सल सरफेस गेज

31] स्क्राइबर किससे बने होते हैं...

ए] माइल्ड स्टील

बी] उच्चकार्बनस्टील

सी] पीतल

डी] कच्चा लोहा

32] हथौड़े के हैंडल को ठीक करने के लिए इस्तेमाल किया जाने वाला हिस्सा है...

एक चेहरा

बी] पीन

सी] गाल

डी] आँखकाछेद

33] अंकन के उद्देश्य के लिए हथौड़े का वजन है...

ए] 250g

बी] 500g

सी] 1 किलो

डी] 2 किग्रा

hammer Hammers

हथौड़ा

34] डिवाइडर का आकार किसके द्वारा निर्दिष्ट किया जाता है...

ए] पैरों की कुल लंबाई

बी] पूरी तरह से खुलने पर बिंदुओं के बीच की दूरी

सी] बिंदुओं के बिना पैरों की लंबाई

डी] धुरीऔरबिंदुकेबीचकीदूरी

35] 'वी' ब्लॉक के खांचे का सम्मिलित कोण हमेशा होता है....

ए] 45◦

बी] 60◦

सी] 90◦

डी] 120◦

36] 'वी' ब्लॉक ग्रेड में उपलब्ध हैं ...

ए] एऔरबी

बी] ए, बी और सी

सी] 1,2 और 3

डी] 1 और 2

37] ग्रेड 'बी' के 'वी' ब्लॉक के बने होते हैं

ए] कच्चालोहा

बी] हल्के स्टील

सी] स्टील

डी] कास्ट स्टील

38] केंद्र का पता लगाने के लिए इस्तेमाल किए जाने वाले पंच का नाम बताइए।

A] प्रिक पंच 30°

B] प्रिक पंच 60°

सी] केंद्रपंच

डी] डॉट पंच

Centre punch 1 Punches

केंद्र पंच

39] सेंटर पंच का पॉइंट एंगल -------- होता है

ए] 30 डिग्री

बी] 50 डिग्री

<u>सी] 900</u>

डी] 1200

40] पंचों का उपयोग किसी भी आकार के ---------- बनाने के लिए किया जाता है

<u>ए] छेद</u>

बी] खनन

सी] नूरलिंग

सपना देखना

41] आम तौर पर वाइस के हैंडल की लंबाई ---------- होती है

ए] वाइस के सामान्य आकार का 1.5 गुना

<u>बी] वाइसकेसामान्यआकारका 2.5 गुना</u>

सी] वाइस के सामान्य आकार का 3.5 गुना

डी] वाइस के सामान्य आकार का 4.5 गुना

bench vice Bench Vice

बेंच वाइस

42] बेंच वाइस स्पिंडल .... का बना होता है।

ए] माइल्डस्टील

बी] कच्चा लोहा

सी] टूल स्टील

डी] कांस्य

43] फाइलों की उत्तलता मदद करती है...

ए] अवतल सतहों को फाइल करने के लिए

बी] उत्तल सतहों को फाइल करने के लिए

सी] कामकेकिनारोंकोगोलकरनेसेरोकनेकेलिए

D] दबाव डालने पर फाइल सीधी हो जाती है

files 1 Files

फ़ाइलें

44] लकड़ी, चमड़ा और अन्य नरम सामग्री भरने के लिए किस फाइल का उपयोग किया जाता है? .

ए] सिंगल कट फाइल

बी] डबल कट फ़ाइल

सी] रास्पकटफ़ाइल

डी] घुमावदार कट फ़ाइल

45] प्रयुक्त फाइल का प्रयोग ------------ के लिए किया जाता है

ए] काम के टुकड़े की सफाई

सी] फ़ाइल दांतों का नवीनीकरण

बी] फाइलदांतोंकीसफाई

डी] चिप्स की सफाई

46] फाइल कार्ड का उपयोग -------- के लिए किया जाता है

ए] काम के टुकड़े को साफ करें

सी] फ़ाइल दांत नवीनीकृत करें

बी] फाइलदांतसाफकरें

47] स्क्राइबर का बिंदु कोण ----------- है
ए] 30 डिग्री
बी] 60 डिग्री
सी] 5° से 10°
डी] 12° से 15°
48] कच्चा लोहा काटने के लिए काटने का कोण है...
ए] 37.5◦
बी] 55◦
सी] 60◦
डी] 90◦

chisel hand tools

49] छेनी सामग्री में खोदेगी जब...
ए] रेक कोण अधिक है
बी] निकासी कोण बहुत कम है
सी] झुकावकाकोणअधिकहै
डी] झुकाव का कोण बहुत कम है
50] अत्याधुनिक को थोड़ा उत्तलता दी जाती है...
ए] घुमावदार सतहों को काटें
बी] तेज कोनों को काटें
सी] सिरोंकीखुदाईरोकें
डी] स्नेहक को प्रवेश करने दें
51] सरफेस प्लेट्स किससे बनी होती हैं...
ए] उच्च ग्रेड कास्ट स्टील
बी] महीनदानेवालाकच्चालोहा
सी] मिश्र धातु स्टील्स
डी] गढ़ा लोहा

52] सतह की प्लेटें उनकी लंबाई और चौड़ाई से निर्दिष्ट होती हैं और में होती हैं
ए] डेसीमीटर
बी] घन मीटर
सी] बेलनाकार
53] एंगल प्लेट के बिना मशीनी हिस्से पर पसलियों को दिया जाता है...
ए] आसान हैंडलिंग
बी] निर्माण में सुविधा
सी] मशीनों पर सेट करते समय क्लैंपिंग
डी] कठोरताऔरविरूपणकोरोकनेकेलिए
54] एंगल प्लेट पर स्लॉट किसके लिए दिए गए हैं...
ए] वजन कम करना
बी] काम को संरेखित करना
सी] हुक का उपयोग करके उठाना
डी] समायोजितबोल्ट।
55] कोण प्लेटों के आकार द्वारा कहा गया है...
भार
बी] लंबाई
सी] लंबाई x चौड़ाई
डी] आकारसंख्या
56] हाई स्पीड पार्टिंग ऑफ के लिए सीमेंटेड कार्बाइड जैसी सामग्री पर काम है'
ए] सभी मशीन करो
बी] मशीन काटना
सी] हेवीड्यूटीपावरदेखा
डी] खनन मशीन बैठे देखा
57] गन मेटल तांबे की मिश्रधातु है, ------------
ए] टिनऔरजस्ता
बी] सीसा और जस्ता
सी] जिंक और निकल
डी] सीसा और निकल

58] ढलवां लोहे का उपयोग मशीन बेड के निर्माण के लिए किया जाता है क्योंकि -------

ए] यहअधिकसंपीड़नतनावकाविरोधकरसकताहै

बी] यह वजन में भारी है

C] यह सस्ती धातु है

D] यह एक भंगुर धातु है

59] माइक्रोमेट्रिक के बाहर एक मीट्रिक की शुद्धता या न्यूनतम गणना --------- होती है

ए] 0-1 मिमी

बी] 0.01 मिमी

सी] 0.001 मिमी

डी] 0.02 मिमी

micrometer Out Side Micrometer

60] 1000 माइक्रोन का अर्थ है -----

ए] 1 मिमी

बी] 1 एम

सी] 1000 मिमी

डी] 10 सेमी

61] एक मीट्रिक माइक्रोमीटर में, थिम्बल अग्रिमों की एक पूर्ण क्रांति ------------

ए] 0.01 मिमी

बी] 0.25 मिमी

सी] 0.50 मिमी

डी] 1.00 मिमी

micrometer2 Out Side Micrometer

माइक्रोमीटर

62] माइक्रोमीटर में शाफ़्ट स्टॉप ------------ में मदद करता है

<u>ए] दबावकोनियंत्रितकरें</u>

बी] स्पिंडल को लॉक करें

सी] शून्य त्रुटि समायोजित करें

डी] काम के टुकड़े को पकड़ो

63] 1000 माइक्रोन का मतलब -------------

<u>ए] 1 मिमी</u>

बी] 1 एम

सी] 1000 मिमी

डी] 10 सेमी

64] माइक्रोमीटर के बाहर 50-75 मिमी की शून्य रीडिंग क्या है?

ए] 0.000 मिमी

बी] 0.01 मिमी

सी] 25.00 मिमी

<u>डी] 50.00 मिमी</u>

65] माइक्रोमीटर के बाहर एक मीट्रिक की आस्तीन पर सबसे छोटे विभाजन का मान है -----

<u>ए] 0.50 मिमी</u>

बी] 1.00 मिमी

सी] 1.50 मिमी

डी] 2.00 मिमी

66] माइक्रोमीटर में शाफ़्ट स्टॉप --------- में मदद करता है

<u>ए] दबावकोनियंत्रितकरें</u>

बी] स्पिंडल को लॉक करें

सी] शून्य त्रुटि समायोजित करें

डी] काम के टुकड़े को पकड़ो

67] गहराई माइक्रोमीटर की न्यूनतम संख्या है
ए] 0.5 मिमी
बी] 0.2 मिमी
सी] 0.001 मिमी
डी] 0.01 मिमी

Depth micrometer 1 Depth Micrometer

गहराई माइक्रोमीटर

68] वर्नियर कैलिपर की अल्पतम संख्या है (मुख्य पैमाना = 49 डिवीजन, वर्नियर स्केल = 50 डिवीजन]
ए] 0.1 मिमी
बी] 0.01 मिमी
सी] 0.001 मिमी
डी] 0.02 मिमी

vernier calliper 1 Vernier Caliper 1

वर्नियर कैलिपर

69] वर्नियर कैलिपर का उपयोग करके किए गए माप का प्रकार है------
ए] प्रत्यक्ष माप
बी] अप्रत्यक्षमाप
सी] 90"] (ए) 81 (बी]

डी] इनमें से कोई नहीं

70] वर्नियर बेवल प्रोट्रैक्टर की न्यूनतम संख्या है...

ए] 1”

बी] <u>5’</u>

सी] 1◦

डी] 5

71] वर्नियर बेवल प्रोट्रैक्टर का वह भाग जो आमतौर पर कोणों को मापने के लिए संदर्भ आधार के रूप में उपयोग किया जाता है, वह है...

एक ब्लेड

बी] <u>स्टॉक</u>

सी] डिस्क

सी] मुख्य पैमाने

vernier bevel protractor 3

Vernier Bevel Protractor

वर्नियर बेवल प्रोट्रैक्टर

72] वर्नियर बेवल रक्षक का वह भाग जिस पर मुख्य पैमाने पर विभाजन अंकित होते हैं, वह है...

स्टॉक

बी] डायल

सी] <u>डिस्क</u>

डी] समायोज्य ब्लेड

73] बेवल प्रोट्रैक्टर का वह भाग, जो मापते समय झुकी हुई सतह के संपर्क में आता है, वह है...

ए] <u>ब्लेड</u>

बी] स्टॉक

सी] डिस्क

डी] डायल

74] वर्नियर बेवल प्रोट्रैक्टर के मुख्य पैमाने के प्रत्येक भाग का मान है...

ए] 5‘
बी] <u>1◦</u>
सी] 5◦
डी]10◦
75] बेवल प्रोट्रैक्टर के वर्नियर स्केल के प्रत्येक भाग का मान होता है...
ए] 1◦
बी] 1◦5’
सी] <u>1◦55‘</u>
डी] 5’
76] टेंपर शैंक ड्रिल मशीन पर किसके माध्यम से आयोजित की जाती है...
ए] चक्स
<u>बी] आस्तीन</u>
सी] बहाव
डी] वाइस

taper shank drills drilling machine

77] ड्रिल चक को ड्रिलिंग मशीन स्पिंडल पर किस माध्यम से फिट किया जाता है...
ए] घुमावदार अंगूठी
<u>बी] आर्बोर</u>
सी] बहाव
डी] पिनियन और कुंजी
78] अभ्यास पर प्रदान किया गया मोर्स टेपर के बीच...
ए] <u>एमटी 1 सेएमटी 5</u>
बी] मीट्रिक टन 1 से मीट्रिक टन 4
सी] एमटी 0 से एमटी 5
डी] एमटी 0 से एमटी 4
79] एक बहाव के लिए प्रयोग किया जाता है ...
ए] एक ड्रिल स्थान बनाना
बी] मशीन स्पिंडल पर चक फिक्सिंग
C] टूटी हुई ड्रिल को काम से हटाना
डी] <u>मशीनस्पिंडलसेड्रिलकोहटाना</u>

80] जब ड्रिल का टैंपर शैंक मशीन स्पिंडल से बड़ा होता है, तो ड्रिल को होल्ड करने का उपकरण एक...

ए] ड्रिल आस्तीन

बी] टेपरसॉकेट

सी] ड्रिल बहाव

डी] चक और कुंजी

81] ड्रिलिंग मशीन में माइल्ड स्टील की ड्रिलिंग के लिए उपयुक्त कटिंग फ्लुइड है...

ए] सिंथेटिक घुलनशील तेल

बी] साफ तेल

सी] आसुत जल

डी] घुलनशीलतेल

82] रेडियल ड्रिलिंग मशीन की एक विशेष विशेषता है...

ए] इसका उपयोग एचएसएस ड्रिल के साथ ड्रिलिंग के लिए किया जा सकता है

बी] तालिका को किसी भी स्थिति में स्थानांतरित और सेट किया जा सकता है

सी] विभिन्न प्रकार की गति उपलब्ध है

डी] धुरीकोकिसीभीस्थितिमेंलायाजासकताहै

piller

drilling machine drilling-machine-spindle

83] अभ्यास का बिंदु कोण निर्भर करता है...

ए] ड्रिल का आकार

बी] मशीन का प्रकार

सी] कामकीसामग्री

डी] ड्रिल का आरपीएम

84] एक मानक ड्रिल के लिए बिंदु कोण है...

ए] 60◦

बी] 108◦

सी] 118◦

डी] 135◦

85] पेचदार कोण निर्धारित करता है...

ए] कटिंग एंगल

बी] कोण चबाना

सी] <u>रेककोण</u>

डी] होंठ कोण

86] ड्रिल का निकासी कोण किसके बीच है...

ए] 3◦ से 5◦

बी] <u>8◦ से 12◦</u>

सी] 12◦ से 20◦

डी] 15◦ से 20◦

87] एक दूरस्थ स्थान में (बिजली उपलब्ध नहीं है) एक रेल ट्रैक को ड्रिल किया जाना है। सही ड्रिलिंग मशीन चुनें

ए] रेडियल ड्रिलिंग मशीन

बी] स्तंभ ड्रिलिंग मशीन

सी] <u>शाफ़्टड्रिलिंगमशीन</u>

डी] संवेदनशील ड्रिलिंग मशीन

drilling drilling machine

ड्रिलिंग

88] एक बढ़ई द्वारा कैबिनेट बनाने के लिए इस्तेमाल की जाने वाली ड्रिलिंग मशीन एक...

ए] शाफ़्ट ड्रिलिंग मशीन

बी] रेडियल ड्रिलिंग मशीन

सी] <u>ब्रेस्टड्रिलिंगमशीन</u>

डी] संवेदनशील ड्रिलिंग मशीन

89] निम्नलिखित में से कौन सी ड्रिलिंग मशीन का उपयोग ड्रिलिंग छेद के लिए किया जाता है जहां बिजली उपलब्ध नहीं होती है?

ए] बेंच ड्रिलिंग मशीन

बी] स्तंभ ड्रिलिंग मशीन

सी] रीडायल ड्रिलिंग मशीन

<u>डी] शाफ़्टड्रिलिंगमशीन</u>

90] निम्नलिखित में से किस ड्रिलिंग मशीन का उपयोग भारी काम के लिए किया जाता है?

ए] बेंच ड्रिलिंग मशीन

बी] स्तंभ ड्रिलिंग मशीन

<u>सी] रेडियलड्रिलिंगमशीन</u>

डी] इलेक्ट्रिक हैंड ड्रिलिंग मशीन

91] ड्रिल चक को मशीन स्पिंडल पर किस माध्यम से रखा जाता है?

<u>ए] आर्बर</u>

बी] बहाव

सी] ड्रा-इन बार

डी] चक अखरोट

92] एक संवेदनशील बेंच ड्रिलिंग मशीन में विभिन्न गतियां प्राप्त की जाती हैं ----

<u>ए] बेल्टचरखीतंत्र</u>

बी] हाइड्रोलिक तंत्र

सी] रैक और पिनियन तंत्र

डी] कैम और अनुयायी तंत्र

93] आवश्यक गुण प्राप्त करने के लिए स्टील की संरचना को बदलने के लिए हीटिंग और कूलिंग की प्रक्रिया को कहा जाता है

ए] हार्डनिंग

<u>बी] सामान्यीकरण</u>

सी] गर्मी उपचार

डी] तड़के

94] एनीलिंग का मुख्य उद्देश्य है

ए] कठोरता बढ़ाएं

बी] बेरहमी बढ़ाएँ

<u>सी] मशीनेबिलिटीमेंसुधार</u>

डी] विरूपण में सुधार

95] स्टील को सामान्य बनाने का उद्देश्य ----------- है

<u>ए] प्रेरिततनावकोदूरकरें</u>

बी] जीन में सुधार और भंगुरता को कम करें

सी] धातु को नरम करें

डी] सतह बढ़ाएँ?

96] बाहरी 5" एनीलिंग . को सख्त करने के लिए निम्नलिखित में से किस प्रक्रिया का उपयोग किया जाता है?

ए] हार्डनिंग

बी] तड़के

सी] केसहार्डनिंग

डी] आंसू सतह

97] कठोर और डक्ट IIe कोर और हार्ड के साथ एक घटक के उत्पादन के उद्देश्य के रूप में जाना जाता है ......

ए] हार्डनिंग

बी] केससख्त

सी] तड़के

डी] एनीलिंग

98] सख्त होने पर उच्च कार्बन स्टील का कम महत्वपूर्ण तापमान ---------- होता है

ए] 9600C

बी] 900 डिग्री सेल्सियस

सी] 7230 सी

डी] 56O सी

99] संरचना को बदलने की प्रक्रिया और इस प्रकार हीटिंग और 'कूलिंग' द्वारा गुणों को बदलने के रूप में जाना जाता है

ए] हीटट्रीटमेंट

बी] मिश्र धातु

सी] तड़के

डी] इनमें से कोई नहीं

100] अनाज की संरचना को परिष्कृत करने के लिए निम्नलिखित में से कौन सी ऊष्मा उपचार प्रक्रिया को अपनाया जाता है।

ए] एनीलिंग

बी] हार्डनिंग

सी] तड़के

डी] सामान्यीकरण

101] एनीलिंग लोहे और स्टील पर की जाती है ----------

ए] आंतरिक तनाव को दूर करने के लिए

बी] कठोरता को कम करने के लिए

सी] मशीनेबिलिटी में सुधार करने के लिए

डी] येसभी

102] निम्नलिखित में से कौन-सा एक ऊष्मा उपचार के चरणों में नहीं आता है?

ए] ताप

बी] सफाई

सी] शमन

डी] भिगोना

20] धातु 02

103] गन मेटल तांबे की मिश्रधातु है, ------------

ए] टिनऔरजस्ता

बी] सीसा और जस्ता

सी] जिंक और निकल

डी] सीसा और निकल

104] गटर बनाने के लिए, रूफ फ्लैशिंग, हुड आदि के लिए।

ए] जस्ती लोहा

बी] स्टेनलेस स्टील

सी] कॉपर शीट

डी] धातु की चादरें

105] डेयरियों में। खाद्य प्रसंस्करण, रसोई के बर्तन आदि

ए] जस्ती लोहा

बी] स्टेनलेस स्टील

सी] कॉपर शीट

डी] धातु की चादरें

106] बाल्टी, हीटिंग नलिकाएं, अलमारियाँ आदि बनाने के लिए।

ए] जस्ती लोहा

बी] स्टेनलेस स्टील

सी] कॉपर शीट

डी] धातु की चादरें

107] एक शीट में कई छेदों को छिद्रण के रूप में जाना जाता है?

ए) छिद्रण

बी) बिदाई

सी) नॉचिंग

घ) लांसिंग

108] शीट को दो या दो से अधिक टुकड़ों में काटने को क्या कहा जाता है?

ए) छिद्रण

बी) <u>बिदाई</u>

सी) नॉचिंग

घ) लांसिंग

109] शियरिंग ऑपरेशन में किनारों से टुकड़ों को हटाना कहलाता है?

ए) छिद्रण

बी) बिदाई

सी) <u>नॉचिंग</u>

घ) लांसिंग

110] बिना किसी सामग्री को हटाए टैब छोड़ना कहलाता है?

ए) छिद्रण

बी) बिदाई

सी) नॉचिंग

घ) <u>लांसिंग</u>

111] एक छोटे से सीधे पंच को तेजी से ऊपर और नीचे एक पासे में ले जाना एक प्रक्रिया द्वारा किया जाता है जिसे कहा जाता है?

ए) छिद्रण

बी) बिदाई

सी) <u>निबलिंग</u>

घ) लांसिंग

112] जैसे-जैसे शीट की मोटाई बढ़ेगी, वैसे-वैसे निकासी की भी आवश्यकता होगी?

ए) <u>वृद्धि</u>

बी) कमी

ग) कोई प्रभाव नहीं

d) पहले घटो फिर बढ़ो

113] बेवेलिंग किसकी कतरनी के लिए विशेष रूप से उपयुक्त है?

ए) पतला रिक्त स्थान

बी) <u>मोटीरिक्तियां</u>

ग) बहुत पतले रिक्त स्थान

d) उल्लेखित में से कोई नहीं

114] निम्नलिखित में से कौन सा डाई का एक प्रकार है?

ए) सरल मर जाता है

बी) प्रगतिशील मर जाता है

सी) कंपाउंड डाई

d) <u>सभीउल्लेखित</u>

115] निम्नलिखित में से कौन सा डाई ब्लैंकिंग, पंचिंग, नॉचिंग आदि जैसे कई ऑपरेशन कर सकता है?

ए) सरल मर जाता है

बी) प्रगतिशीलमरजाताहै

सी) कंपाउंड डाई

d) उल्लेखित में से कोई नहीं

116] जैसे-जैसे निकासी बढ़ती है, पंच बल की आवश्यकता होती है?

क) घटताहै

बी) बढ़ता है

सी) वही रहता है

d) पहले बढ़ता है फिर घटता है

117] फोर्जिंग HSS के लिए अधिकतम तापमान -------------डिग्री है।

ए] 1200

बी] 100

सी] 1100

डी] 1500

118] एनीलिंग का मुख्य उद्देश्य ----------- है।

ए] मशीनेबिलिटीमेंसुधारकरनेकेलिए

बी] चुंबकत्व में सुधार करने के लिए

सी] कठोरता बढ़ाने के लिए

डी] कठोरता बढ़ाने के लिए

119] HSS टूल में कार्बन प्रतिशत होता है------

ए] 0.75 से 1.00%

बी] 1.00 से 2.00 00

सी] 0.60 से 0.75%

डी] 0.02 से 0.03%।

120] निम्न में से कौन-सा एक धातु का लोचदार विरूपण के लिए प्रतिरोध है?

ए] लचीलापन।

बी] ताकत

सी] कठोरता

डी] कठोरता

121] कैनरी और रासायनिक संयंत्रों में धातु की चादरें

ए] जस्ती लोहा

बी] स्टेनलेस स्टील

सी] कॉपर शीट

डी] धातु की चादरें

1 22] मिश्र धातु इस्पात, अच्छा संक्षारक प्रतिरोध और आसानी से वेल्ड

ए] काला लोहा

बी] जस्ती लोहा

सी] स्टेनलेस स्टील

डी] एल्यूमिनियम

123] सबसे सस्ता, किसी भी वांछित मोटाई में लुढ़काया जा सकता है

ए] काला लोहा

बी] जस्ती लोहा

सी] स्टेनलेस स्टील

डी] एल्यूमिनियम

124] जंग के खिलाफ चमकदार चांदी की उपस्थिति का प्रतिरोध करता है

ए] काला लोहा

बी] जस्ती लोहा

सी] स्टेनलेस स्टील

डी] एल्यूमिनियम

125] तेजी से खराब होता है। नीला काला दिखना

ए] काला लोहा

बी] जस्ती लोहा

सी] स्टेनलेस स्टील

डी] एल्यूमिनियम

126] स्टड के व्यास के आधे के बराबर एक अंधा छेद ड्रिल करें। इस उपकरण को छेद में डालें और इसे वामावर्त घुमाकर स्टड को हटा दें।

ए] चुभन पंच विधि

बी] फाइलिंग स्क्वायर बहुत मिमी

सी] स्क्वायर टेपर पंच का उपयोग करना

डी] ईज़ी-आउट विधि

127] अगर स्टड सतह के पास टूटा हुआ है, तो स्टड को हटाने के लिए इस विधि को अपनाएं।

ए] चुभन पंच विधि

बी] फाइलिंग स्क्वायर बहुत मिमी

सी] स्क्वायर टेपर पंच का उपयोग करना

डी] ईज़ी-आउट विधि

128] जब एक स्टड सतह से थोड़ा ऊपर टूट जाता है तो स्टड को हटाने के लिए इस विधि का उपयोग किया जाता है।

ए] फाइलिंग स्क्वायर बहुत मिमी

बी] स्क्वायर टेपर पंच का उपयोग करना

सी] ईज़ी-आउट विधि

डी] ड्रिल होल बनाना

129] टूटे हुए स्टड को निकालने के लिए इस विधि में एक विशेष उपकरण लगाया जाता है।

ए] चुभन पंच विधि

बी] फाइलिंग स्क्वायर बहुत मिमी

सी] स्क्वायर टेपर पंच का उपयोग करना

डी] ईज़ी-आउट विधि

130] उभरे हुए स्टड को चौकोर आकार में फाइल करें और हटा दें।

ए] चुभन पंच विधि

बी] फाइलिंग स्क्वायर बहुत मिमी

सी] स्क्वायर टेपर पंच का उपयोग करना

डी] ईज़ी-आउट विधि

131] अमोनियम क्लोराइड का उपयोग टांका लगाने के लिए फ्लक्स के रूप में किया जाता है...

ए] स्टील

बी] एल्यूमीनियम

सी] जस्ती लोहा

डी] स्टेनलेस स्टील

132] एमएस शीट की सोल्डरिंग किस तापमान पर होती है...

ए] 150◦सी

बी] 250◦सी

सी] 400◦सी

डी] 850◦सी

133.] सोल्डरिंग ऑपरेशन में बेस मेटल है...

ए.] गरमनहीं

बी।] 200◦C . तक गरम किया गया

सी।] 650◦C . तक गरम किया गया

डी.] गर्म से लाल गर्म स्थिति

134] चादरों को मोटी प्लेटों में मिलाने के लिए रिवेट्स।

ए] <u>काउंटरसंक हेड</u>

बी] फ्लैट सिर

सी] पैन हेड

डी] मशरूम

135] शीट मेटल में शामिल होने के लिए रिवेट्स।

ए] काउंटरसंक हेड

बी] <u>फ्लैट सिर</u>

सी] पैन हेड

डी] मशरूम

136] भारी निर्माण कार्य के लिए रिवेट्स।

ए] काउंटरसंक हेड

बी] फ्लैट सिर

सी] <u>पैन हेड</u>

डी] मशरूम

137] रिवेट्स फॉर रिड्यूस रिड्यूस हेड ऑफ़ रिवेट हेड ऑफ़ मेटा\ सरफेस

ए] काउंटरसंक हेड

बी] फ्लैट सिर

सी] पैन हेड

डी] <u>मशरूम</u>

138] आमतौर पर संरचनात्मक कार्यों के लिए उपयोग किए जाने वाले रिवेट्स।

ए] काउंटरसंक हेड

बी] फ्लैट सिर

सी] पैन हेड

डी] <u>स्नैप हेड</u>

165] मशीन पर टेंपर शैंक ड्रिल किसके माध्यम से आयोजित की जाती है...

ए. चक्स

<u>बीआस्तीन</u>

सी बहाव

डी वाइस

166] ड्रिल चक ड्रिलिंग मशीन स्पिंडल पर एक के माध्यम से लगाए जाते हैं ...

ए.] घुमावदार अंगूठी

<u>बी.] आर्बोर</u>

सी.] बहाव

डी.] पिनियन और की

167] अभ्यास पर प्रदान किया गया मोर्स टेपर के बीच...

ए.] मीट्रिकटन 1 सेमीट्रिकटन 5

बी.] मीट्रिक टन 1 से मीट्रिक टन 4

सी.] मीट्रिक टन 0 से मीट्रिक टन 5

डी.] मीट्रिक टन 0 से मीट्रिक टन 4

168] एक बहाव के लिए प्रयोग किया जाता है...

ए.] एक ड्रिल स्थान बनाना

बी।] मशीन स्पिंडल पर चक फिक्सिंग

सी.] टूटी हुई ड्रिल को काम से हटाना

डी.] मशीनस्पिंडलसेड्रिलकोहटाना

169] जब ड्रिल का टेंपर शैंक मशीन स्पिंडल से बड़ा होता है, तो ड्रिल को होल्ड करने का उपकरण एक...

ए.] ड्रिल आस्तीन

बी।] टेपरसॉकेट

सी.] ड्रिल बहाव

डी.] चक और कुंजी

170] सॉकेट स्क्रू हेड को समायोजित करने के लिए छेद के सिरे को बड़ा करने की प्रक्रिया है...

ए.] रीमिंग

बी.] स्पॉट फेसिंग

सी.] काउंटरबोरिंग

डी.] काउंटर सिंकिंग

1 71] स्पॉट फेसिंग ऑपरेशन के लिए उपयोग किया जाने वाला उपयुक्त उपकरण है...

ए.] रीमर

बी.] काउंटर सिंक

सी.] फ्लाईकटर

डी.] खराद उपकरण

172] सेंटर ड्रिलिंग किसका ऑपरेशन है...

ए.] ड्रिलिंगऔरकाउंटरसिंकिंग

बी.] ड्रिलिंग और काउंटर बोरिंग

सी.] ड्रिलिंग से पहले केंद्र के स्थान को चिह्नित करना

D.] छेद के व्यास को बढ़ाना

173] एक छोटा रिएमर जिसमें एक आर्बर या मैंड्रेल के साथ प्रयोग किया जाता है, एक अक्षीय छिद्र होता है ---------- कहलाता है

ए] समानांतर रीमर

बी] एडजस्टेबल रीमर

C] एक्सपेंशन रीमर

डी] चकिंगरीमर

reamer 1 Reamers

बांट

174] निम्नलिखित में से किस मशीन रीमर का उपयोग रीमर एक्सिस और वर्क एक्सिस के बीच मिसलिग्न्मेंट को ठीक करने के लिए किया जाता है?

ए] फ्लोटिंगब्लेडरीमर

बी] मशीन जिग रीमर।

सी] शैल रीमर

डी] चकिंग रीमर

175] टैप को पीसकर फिर से तेज किया जाता है -----

ए] हट्स

बी] धागे

सी] व्यास

डी] राहत

176] 50 मीट्रिक मोटे धागे को M12 x 125 के रूप में नामित किया गया है '12' क्या दर्शाता है?

ए] प्रमुखव्यास

बी] रूट व्यास

सी] पिच व्यास

डी] खाली व्यास

177] 3 अक्षांश मिमी पिच 120 . पर 3 मिमी पिच काटने के लिए आवश्यक परिवर्तन गियर खोजें

ए] चालक / प्रेरित = .455/120

बी] चालक / प्रेरित = 60/120

सी] चालक / प्रेरित = 80/120

डी] चालक / चालित 2 40/80 of 5 मिमी

178] एक खराद havmg लीड स्क्रू पिच पर 1 5 मिमी पिच काटने के लिए आवश्यक गियर की गणना करें

ए] चालक / प्रेरित -_20/100

<u>बी] चालक / प्रेरित = 30/100</u>

सी] चालक / प्रेरित = 40/120

डी] चालक / प्रेरित = 60/120

179] आसन्न धागे के दोनों किनारों को मिलाने वाली शीर्ष सतह को कहा जाता है

<u>ए] क्रेस्ट</u>

बी] रूट

सी] फ्लैंक

D] थ्रेड एंगल है

thread2 screw threads

धागा

180] आईएसओ मीट्रिक थ्रेड का सम्मिलित कोण है --------

ए] 27 1/2°

बी] 30 डिग्री

सी] 55 डिग्री

<u>डी] 60 डिग्री</u>

181] निम्नलिखित में से किस स्क्रू थ्रेड फॉर्म में धागों के किनारों के बीच 55° का सम्मिलित कोण होता है?

<u>ए] बीएथ्रेड</u>

बी] एक्मे धागा

सी] बट्रेस धागे

डी] अंगुली धागा

182] निम्नलिखित में से किसका उपयोग केवल धागे के सही रूप को खत्म करने और बनाए रखने के लिए किया जाता है?

<u>नल</u>

बी] थ्रेडिंग टूल

सी] थ्रेडिंग चेज़र

डी] इत्तला दे दी उपकरण

1 83] कोण 0f lS धागा (V आकार का) ---------- है

ए] 29 डिग्री

बी] 47 1/4°

सी] 50 डिग्री

<u>डी] 60</u>

184] निम्नलिखित में से किस विधि से केवल बाहरी धागे बनाए जाते हैं -------

ए] फॉर्म टूल mEthOd

बी] यौगिक आराम विधि

<u>सी] टेलस्टॉकऑफसेटविधि</u>

डी] टेपर टर्निंग अटैचमेंट विधि।

185] शिखा और धागे की जड़ को मिलाने वाली सतह को ---- के रूप में जाना जाता है

<u>ए] फ्लैंक</u>

बी] शंकु

सी] पिच सतह

डी] ये सभी

186] एक दो प्रारंभ धागे की पिच 4 मिमी है। फिर धागे का नेतृत्व ----- द्वारा दिया जाता है

ए] 4 मिमी

बी] 2 मिमी

<u>सी] 8 मिमी</u>

डी] 6 मिमी

187] सिंगल पॉइंट कटिंग टूल का उपयोग करके लेड स्क्रू पिच वाले खराद पर 2.5 मिमी के स्क्रू थ्रेड को काटने के लिए आवश्यक गियर अनुपात है ----

<u>ए] 1:2</u>

बी] 2:1

सी] 1:1 मिमी

188] एक डाई जिसमें एक स्ट्रोक में एक से अधिक कटिंग ऑपरेशन बनते हैं

ए] पियर्सिंग डाई

बी] प्रोग्रेसिव डाई

C] कॉम्बिनेशन डाई

डी] <u>कंपाउंड डाई</u>

189] एक डाई जिसमें प्रति स्ट्रोक कटिंग और नॉन कटिंग ऑपरेशन किए जाते हैं।

ए] पियर्सिंग डाई

बी] प्रोग्रेसिव डाई

C] <u>कॉम्बिनेशन डाई</u>

डी] कंपाउंड डाई

tap and die1 Tap Die

मरो टैप करें

190] एक डाई जिसमें दो या दो से अधिक स्टेशनों पर दो या दो से अधिक अनुक्रमिक संचालन काम पर किए जाते हैं।

ए] पियर्सिंग डाई

बी] <u>प्रोग्रेसिव डाई</u>

C] कॉम्बिनेशन डाई

डी] कंपाउंड डाई

191] एक डाई जिसमें पंच और डाई का आकार सीधे धातु में कम या बिना धातु प्रवाह के पुन: उत्पन्न होता है।

ए] प्रोग्रेसिव डाई

बी] संयोजन मरो

C] कंपाउंड डाई

डी] <u>मरने का गठन</u>

192] किसी भी आकार के छेद बनाने के लिए इस्तेमाल की जाने वाली डाई।

ए] <u>पियर्सिंग डाई</u>

बी] प्रोग्रेसिव डाई

C] कॉम्बिनेशन डाई

डी] कंपाउंड डाई

193] अपघर्षक .... में वर्गीकरण हैं।

<u>ए] दोप्रकार</u>

बी] तीन प्रकार

ग] एक प्रकार

डी] चार प्रकार

194] घर्षण से बने ग्राइंडिंग व्हील्स अपने फ्री और कूल कटिंग एक्शन के कारण सबसे आम हैं।

ए] एल्यूमिनियमऑक्साइड

बी] सिलिकॉन ऑक्साइड

सी] अमोनियम ऑक्साइड

डी] कार्बाइड।

195] निम्नलिखित में से किस अपघर्षक का उपयोग ज्यादातर गैर-धातु सामग्री को काटने के लिए पहियों को काटने के लिए किया जाता है?

ए] एल्यूमिनियम ऑक्साइड

बी] सिलिकॉनकार्बाइड

सी] हीरा

डी] उपरोक्त में से कोई नहीं

1 96] टंगस्टन कार्बाइड टूल इंसर्ट को पीसने के लिए किस अपघर्षक कण का उपयोग किया जाता है?

ए] सिलिकॉनकार्बाइड

बी] ए|203

सी] हीरा

डी] कोरन्डम

197] निम्नलिखित में से कौन सा प्राकृतिक अपघर्षक है?

ए] एल्यूमिनियम ऑक्साइड

बी] सिलिकॉन

सी] बोरॉन कार्बाइड

डी] कोरन्डम

198] निम्नलिखित में से कौन सा निर्मित अपघर्षक है?

ए] कोरन्डम।

बी] क्वार्ट्ज

सी] सिलिकॉन

डी] एमरी

199] स्टील फिटिंग को पीसने के लिए किस अपघर्षक कण का उपयोग किया जाता है?

ए] सिलिकॉन कार्बाइड

बी] एल्यूमिनियमऑक्साइड

सी] हीरा।

डी] बोरॉन ऑक्साइड

200] कंक्रीट के पत्थर और चिनाई को काटने के लिए किस तरह के अपघर्षक कट ऑफ व्हील का उपयोग किया जाना चाहिए?

ए] सिलिकॉन

बी] अल 203

सी] डायमंडग्रिट

डी] ग्लास

201] एल्युमिनियम ऑक्साइड व्हील पीसने के लिए प्रयोग किया जाता है ------------

ए] कच्चा लोहा

बी] सीमेंटेड कार्बाइड।

सी] एचएसएस '

डी] सिरेमिक

202] इत्तला दे दी गई औज़ार की ऑफहैंड ग्राइंडिंग के लिए उपयुक्त हीरे के पहिये का बंधन ....

ए] रेजिनोइड

बी] विट्रिफाइड

सी] शैलैक

डी] धातु

Grinding wheels 1 bench grinder-wheel

पीसने का चक्का

203] निम्नलिखित में से कौन सा बांड आमतौर पर प्रयोग किया जाता है?

ए] विट्रिफाइडबॉन्ड '

बी] रबड़ बंधन

सी] शैलैक बंधन

डी] सिलिकेट बंधन

204] रेजिनोइड .बॉन्ड के लिए पारंपरिक रूप से इस्तेमाल किया जाने वाला प्रतीक ~~~~~~~ . है

ए] वी

बी] आर एफ

सी] बी

डे

205] ग्राइंडिंग प्रैक्टिस में "ग्रेड ऑफ व्हील" शब्द का अर्थ ------------- है।

ए] इस्तेमाल किए गए अपघर्षक की कठोरता

बी] पहियाकेबंधनकीताकत

सी] व्हील 0 एफ समाप्त करें

डी] काम के टुकड़ों की कठोरता

206] पहियों को काटने में किस बंधन का प्रयोग किया जाता है?

एक रबर

बी] विट्रिफाइड

सी] रेसिरजॉइड

डी] शैलैक

207] ग्राइंडिंग व्हील की कठोरता __________ द्वारा निर्धारित की जाती है

ए] प्रतिरोधकिया।तनावपीसनेकेखिलाफबंधनद्वारा

बी] घर्षण अनाज की कठोरता

सी] बंधन की कठोरता

डी] प्रवेश करने की क्षमता

208] जब ग्राइंडिंग व्हील को बहुत तेज गति से सुरक्षित रूप से चलाने की आवश्यकता होती है, तो किस बंधन का उपयोग किया जाना चाहिए? "

ए] विट्रिफाइड

बी] शैलैक

सी] सिलिकेट

डी] रेजिनॉयड' औररबर

209] सतह पीसने में सामान्य प्रयोजन सतह पीसने के लिए पीसने वाले पहिये के अनाज के आकार की उपयुक्त सीमा क्या है?

ए] 20 से 36

बी] 46 से 60

सी] 80 से 120

डी] 150 से 300

210] भारतीय मानक के अनुसार, अनाज '46'। "w" के समूह के अंतर्गत आता है। -----

ए] मोटे

बी] मध्यम

सी] ठीक

डी] बहुत बढ़िया

211] ग्राइंडिंग व्हील में प्रयुक्त अपघर्षक का ग्रिट आकार आमतौर पर ---------- द्वारा निर्दिष्ट किया जाता है

ए] कठोरता संख्या

बी] पहिया का आकार

सी] घर्षण की कोमलता या कठोरता

<u>डी] मेषसंख्या</u>

212] बेंच ग्राइंडर का उपयोग .... के लिए किया जाता है।

ए] हैवी ड्यूटी वर्क

बी] भारी और हल्का कर्तव्य कार्य

<u>सी] लाइटड्यूटीवर्क</u>

डी] झाग का काम

213] बेंच ग्राइंडर एक .... पर लगे होते हैं।

ए] बेस

<u>बी] टेबल।</u>

सी] व्हील गार्ड

डी] कन्वेयर

214] निम्नलिखित में से कौन सा कथन सही है?'

<u>ए] गेजकाउपयोगआकारकीजांचकेलिएकियाजाताहै</u>

बी] आकार को चकने के लिए टेम्पलेट का उपयोग किया जाता है

सी] गेज का उपयोग आकार मापने के लिए किया जाता है

डी] गेज का उपयोग घटक के आकार की जांच के लिए किया जाता है

215] सेक्शन में गेज को किस मानक तापमान पर रखा जाता है?

ए] 100 सी

<u>बी] 20 डिग्रीसेल्सियस</u>

सी] 100 एफ

डी] 20 डिग्री फारेनहाइट

216] वर्कशॉप में आमतौर पर किस ग्रेड के स्लिप गेज का इस्तेमाल किया जाता है?

ए] ग्रेड 0

बी] ग्रेड एल

सी] ग्रेड एच

<u>डी] ग्रेड 0</u>

slip gauge 1 Slip Gauge

स्लिप गेज

217] भारतीय मानकों के अनुसार एक विशेष सेट गेज का उपयोग किया जाता है जिसमें

ए] 81 टुकड़े

बी] 112 टुकड़े

सी] 120 टुकड़े

डी] 130 टुकड़े

218] संदर्भ गेज की सटीकता है

ए] 0.05 मिमी

बी] 0.01 मिमी

सी] 0.001।

डी] 0.0001 मिमी

219] स्लिप गेज पर चींटी की गड़गड़ाहट के मामले में, इसे हटा दिया जाना चाहिए

ए] भरना

बी] लैपिंग

सी] स्क्रैपिंग

डी] पीस

220] स्लिप गेज की कठोरता कितनी होनी चाहिए?

ए] 63 सेअधिकएचआरसी

बी] 58 एचआरसी

सी] 55 एचआरसी

डी] 50 एचआरसी

221]--------------- स्लिप गेज का उपयोग 0.01 मिमी की सटीकता के भीतर घटक की जाँच के लिए किया जाता है।

ए] कार्यशालागेज

बी] निरीक्षण गेज

सी] संदर्भ गेज

डी] रिंग गेज

222], ------------ का उपयोग सटीक उपकरण की सटीकता की जांच के लिए किया जाता है।

ए] गेजब्लॉक

बी] फादर गेज

सी] साइन बार

डी] प्लग गेज

223] सटीकता सुनिश्चित करने के लिए उपयोग करने से पहले स्लिप गेज को साफ किया जाता है। इसके लिए आप किस माध्यम का प्रयोग करेंगे।

ए] तेल

बी] पतला

सी] कार्बनटेट्राक्लोराइड / सफेदपेट्रोल

डी] तारपीन का तेल

224]समान घटकों की आयामी सटीकता की जांच करने के लिए, एक डायल परीक्षण संकेतक को t 6 आकार के लिए सेट किया जाता है और एक तुलनित्र के रूप में उपयोग किया जाता है। डायल टेस्ट इंडिकेटर पर सेट करने के लिए आप किसका उपयोग करेंगे?

ए] डायल टेस्ट इंडिकेटर

बी] टीटर गेज

सी] पर्चीगेज

डी], सतह गेज

225] बड़े पैमाने पर उत्पादन में इंटरचेंज क्षमता हासिल करने के लिए निम्नलिखित में से कौन सा महत्वपूर्ण कारक आवश्यक है? .

ए] ज्यामितीय सटीकता।

बी] मानकीकरण

सी] आयामीसटीकता

डी] सतह खत्म

226] इंटरचेंज क्षमता सामान्य रूप से किसके लिए लागू होती है? _

ए] भागों की मरम्मत

बी] बड़ेपैमानेपरउत्पादन

सी] एकल टुकड़ा उत्पादन

डी] ये सभी

227] जब मूल आयाम के एक पक्ष में सहिष्णुता दी जाती है, तो उसे -------- कहते हैं

ए]। सहिष्णुता प्रणाली

बी] एकतरफासहिष्णुता

सी] द्विपक्षीय सहिष्णुता

डी] भत्ता प्रणाली

228] एक घटक के आयामों का मापा आकार जिसे -------- कहा जाता है

ए] मूल आकार

बी] नाममात्र का आकार

सी] अनुमत आकार

डी] वास्तविकआकार

229] ड्राइंग में शाफ्ट के आयाम 40i 0068/0042 दिखाए गए हैं, जो सहनशीलता के भीतर शाफ्ट का आकार है?

ए] 4.0.64 मिमी

बी] 40.042 मिमी

सी] 40,000 मिमी

डी] 39.98 मिमी

230] होल बेसिक सिस्टम में ----------

ए] शाफ्ट का आकार स्थिर बना दिया जाता है

बी] छेदकाआकारस्थिरबनादियाजाताहै

सी] केवल 'भत्ता छेद पर दिया जाता है'

डी] छेद और शाफ्ट पर अनुमेय सहिष्णुता दी गई है

231] एक घटक का आकार 24 -0.1 के रूप में दिया गया है। -O.1 क्या दर्शाता है? _

ए] ऊपरी विचलन + 0.1 मिमी है।

बी] निचला विचलन 0.0 मिमी . है

सी] मौलिक विचलन 0.0 मिमी . है

डी] निचलाविचलन _0.1 मिमी . है

232] छेद की सहनशीलता ----- के बीच का अंतर है

ए] अधिकतम छेद आकार और अधिकतम शाफ्ट आकार

बी] अधिकतमछेदआकारऔरअधिकतमछेदआकार:

सी] न्यूनतम 'छेद आकार और अधिकतम शाफ्ट आकार'

डी] न्यूनतम छेद आकार और न्यूनतम शाफ्ट आकार

233] एक छिद्र जिसका निचला विचलन शून्य होता है, मूल छिद्र कहलाता है। निम्नलिखित में से कौन सा अक्षर मूल छिद्र को इंगित करता है?

ए] ई

बी] एफ

सी] जी '

डी] हो

234] किसका ऊपरी विचलन शून्य है?

ए] बासकदस्ता

बी] मूल छेद

सी] सहिष्णुता

डी] निकासी

235] शाफ्ट पर लगी बॉल बेयरिंग किस प्रकार की फिट है? ,

ए] क्लीयरेंस फिट

बी] ड्राइविंगफिट

सी] संकोचन फिट

डी] उपरोक्त में से कोई नहीं

236] सीमा और फिट की बीआईएस प्रणाली में, सहिष्णुता के ग्रेड को संख्या प्रतीकों द्वारा दर्शाया जाता है और ---------- i होते हैं।

ए] सहिष्णुता के 14 ग्रेड

बी] सहिष्णुता के 16 ग्रेड

सी] सहिष्णुताके 18 ग्रेड '

डी] सहिष्णुता के 20 ग्रेड

237] एक उत्पाद को गुणवत्ता वाला कहा जाता है जब ....

limit fit tolarance 1

limit fit
tolerance

सीमा फिट सहिष्णुता

ए] इसका आकार और आयाम के भीतर हैं

बी] यहउपयोगकेलिएउपयुक्तहै

सी] यह बहुत अच्छा प्रतीत होता है

डी] सामग्री का चुनाव सही है

238] होल‘30 +0.021, 0.000 और शाफ्ट 30 -0.110, 0.143 के बीच आवश्यक अधिकतम निकासी है।

ए] 0.110 मिमी ’

बी]0.131 मिमी

सी] 0.164 मिमी

डी] 0.143 मिमी

239] एक ड्राइंग में एक आयाम 25 .1002 मिमी बताया गया है। सहनशीलता क्या है?

ए] +0.02 मिमी‘

बी] +0.04 मिमी

सी] -0.02 मिमी

डी] 25.00 मिमी

240] एक छेद में एक पिन लगाया जाता है। पिन का टॉलरेंस ज़ोन पूरी तरह से होल के ऊपर होता है। प्राप्त फिट होगा?

ए] क्लीयरेंस फिट

बी] संक्रमण फिट

सी] हस्तक्षेपफिट

डी] रनिंग फिट

241] भाग के आकार को सहनशीलता दी जाती है............

ए] आवश्यकअनुमेयआकारत्रुटिकेभीतरभागकाउत्पादन

बी] उत्पादन बढ़ाएँ

सी] उत्पादन घटाएं

डी] घटकों को लगभग समाप्त करें

242] निम्नलिखित में से कौन सा क्लीयरेंस संपूर्ण बुनियादी प्रणाली के अंतर्गत फिट बैठता है?

ए] 20 एच7/पी6’

बी] 2067/211

सी] ज़ोग / जीएल।

डी] 20 एच / जी 11।

243] बीआईएस प्रणाली के अनुसार फिट के तीन वर्ग हैं ....

ए] क्लीयरेंसफिट, इंटरफेरेंसफिटऔरट्रांजिशनफिट

बी] मध्यम फिट, पुश फिट और टाइट फिट

सी] फ्लैट फिट, गोल फिट और स्क्वायर फिट

डी] ‘स्लाइडिंग फिट’, लूज फिट और सिकुड़न फिट

244] निम्नलिखित सहिष्णुता विनिर्देशों में से किस एक का अधिकतम आयाम 20 मिमी से कम है?

ए] 20 +0.2,-0.3

बी] 20 320.2

सी] 20 -0.2, 0.3 ई

डी] एम 20 +500, ~ 03

245] अधिकतम और न्यूनतम सीमा के बीच अंतर है ------------------------

ए] एकल मुखबिर

बी] मूल शाफ्ट

सी] निकासी

डी] सहिष्णुता

246] झाड़ी में स्वतंत्र रूप से चलने वाला एक शाफ्ट 55 फिट के प्रकार का होता है

ए] क्लीयरेंस फिट

बी] ड्राइविंग प्लेट

सी] संकोचनफिट

डी] उपरोक्त में से कोई नहीं

247] स्टील किसका मिश्रधातु है?

ए.] तांबा और टिन

बी।] लोहाऔरकार्बन

सी.] टिन और सीसा

डी.] जस्ता और पीतल

248] निम्नलिखित में से अलौह धातु, जो चुंबकीय है, है

ए.] तांबा

बी।] एल्यूमीनियम

सी ।] टाइटेनियम

डी निकल

249] तांबे और जस्ता का एक मिश्र धातु पैदा करता है

ए ।] सफेदधातु

बी.] पीतल

सी।] स्टील

डी.] कांस्य

250] एचएसएस टूल्स के साथ एल्यूमीनियम के लिए काटने की गति है

ए.] 30 मीटर/मिनट

बी.] 50 मीटर/मिनट

सी.] 70 मीटर/मिनट

डी.] 130 मीटर/मिनट

251] एक एचएसएस उपकरण के साथ पीतल के लिए काटने की गति है

ए.] 10 मीटर/मिनट

बी.] 25 मीटर/मिनट

सी.] 70 मीटर/मिनट

डी.] 140 मीटर/मिनट

252] बड़ी सपाट सतहों को खुरचने के लिए प्रयुक्त होता है।

ए] बैल-नाक खुरचनी

बी] तीन वर्ग

सी] आधा गोल खुरचनी

डी] उपरोक्त में से कोई नहीं।

253] छोटे खुरचनी व्यास के छिद्रों को खुरचने और छिद्रों को हटाने के लिए उपयोग किया जाता है।

ए] बैल-नाक खुरचनी

बी] तीन वर्ग

सी] आधा गोल खुरचनी

डी] उपरोक्त में से कोई नहीं।

254] असर वाली सतहों को खुरचने के लिए उपयोग किया जाता है जो न तो बहुत बड़ी हैं और न ही बहुत छोटी हैं।

ए] बैल-नाक खुरचनी

बी]तीन वर्ग

सी] आधा गोल खुरचनी

डी] उपरोक्त में से कोई नहीं।

255] बड़े व्यास के छिद्रों को खुरचने के लिए प्रयुक्त होता है।

ए] बैल-नाक खुरचनी

बी] तीन वर्ग

सी] आधा गोल खुरचनी

डी] उपरोक्त में से कोई नहीं।

256] ------------- COFFEC'E आयाम है जब माइक्रोमीटर 45.54 मिमी मापता है, यदि इसमें 0.02 मिमी की नकारात्मक त्रुटि है

ए] 45.58 मिमी

बी] 45 54 मिमी

सी] 45.56 मिमी

डी] 45.53 मिमी।

257] जब निहाई और धुरी के फलक एक-दूसरे को स्पर्श करते हैं यदि स्लीव स्केल का शून्य थिम्बल स्केल के शून्य से मेल खाता है, तो इसे ----------- कहा जाता है

ए] सकारात्मक त्रुटि

बी] नकारात्मक त्रुटि

सी] शून्य त्रुटि

डी] कोईत्रुटिनहीं

258] गहराई बार का उपयोग -------------- के मापन के लिए किया जाता है

ए] ऊंचाई।

बी] लंबाई

सी] गहराई

डी] इंच

259] डायल टेस्ट इंडिकेटर माप को इस प्रकार दिखाता है...

ए।] घटक का वास्तविक आकार

बी.] 5 मिमी . के दो चरणों के बीच का अंतर

सी।] एकसूचककेमाध्यमसेआकारमेंआवर्धितछोटेबदलाव

डी।] आयाम का सीधा पठन

260] वी-ब्लॉक और डायल इंडिकेटर विधि का उपयोग को मापने के लिए किया जाता है

ए] वर्कपीस ग्राउंड की लंबाई

बी] वर्कपीसकीसतहकीगोलाई

सी] सतह की समतलता

डी] धागे की पिच

261] डायल टेस्ट इंडिकेटर के बारे में निम्नलिखित में से कौन सा सही नहीं है?

ए] इसके डायल पर 100 डिवीजन हैं

बी] स्टेम की गति गियर ट्रेन के माध्यम से डायल में स्थानांतरित हो जाती है।

सी] इसकीसटीकता 0.1 मिमी . है

डी] गहराई नापने का यंत्र के संयोजन के साथ प्रयोग किया जाता है

262] ड्राइविंग प्लेट का उपयोग के लिए किया जाता है

ए] बढ़ते जुड़नार और काम के टुकड़े

बी] एकखरादकुत्तेकेसाथकेंद्रकेबीचड्राइविंगशाफ्ट

सी] केवल संचालन का सामना करना पड़ रहा है

डी] केवल आंतरिक संचालन

263] फेस प्लेट के काम में संतुलन होता है

ए] गति बढ़ाने के लिए

बी] उपकरण पर दबाव कम करने के लिए

सी] <u>कामकेसमानरोटेशनकेलिए</u>

डी] एक अच्छा खत्म करने के लिए

264] होल्ड करने के लिए एक फेस प्लेट का उपयोग किया जाता है

ए] एक गोल काम

बी] एक समाप्त काम

सी] <u>एकअनियमितनौकरी</u>

डी] एक खोखली नौकरी

265] फेस प्लेट के साथ उपयोग की जाने वाली सही कोण प्लेट कौन सी है

<u>(ए) ठोस प्रकार</u>

(बी) बॉक्स प्रकार

(सी) समायोज्य प्रकार

(डी) उनमें से कोई नहीं

266] फेस प्लेट किससे बनी होती है?

(ए) हल्के स्टील

<u>(बी) कास्ट आयरन</u>

(सी) पीतल

(डी) एल्यूमिनियम

267] ऑड और असमान जॉब टर्निंग के लिए निम्नलिखित में से कौन सा सहायक उपकरण उपयोग किया जाता है?

(ए) तीन जबड़े चक

(बी) दो जबड़े चक

(सी) ड्राइविंग प्लेट

<u>(डी) फेस प्लेट</u>

268] एक अनियमित आकार का वर्कपीस खराद पर घुमाया जाता है। निम्नलिखित में से किस वर्क होल्डिंग एक्सेसरीज़ का उपयोग किया जाता है?

ए] दो जबड़े चक

बी] तीन जबड़े चक

सी] ड्राइविंग प्लेट

<u>डी] फेसप्लेट</u>

269]स्थिर विश्राम के पैड के बने होते हैं

ए] कार्बन स्टील

बी] सीसा

सी] हल्के स्टील

डी] पीतल
270] एक स्थिर आराम का उपयोग किया जाता है
ए] नौकरी रखने के लिए
बी] फेस प्लेट के काम के लिए
सी] नौकरी चलाने के लिए
डी] नौकरीकासमर्थनकरनेकेलिए
271] एक अनुयायी स्थिर पर आयोजित किया जाता है
ए] खराद बिस्तर
बी] खरादगाड़ी
सी] खराद धुरी
डी] टेलस्टॉक
272] लंबे काम के टुकड़ों को मोड़ते समय, निम्नलिखित का उपयोग किया जाता है
ए] आस्तीन
बी] गियर बदलें
सी] स्थिर आराम
डी] ब्रैकेट।
273] निर्माण के अनुसार खराद कितने प्रकार का होता है?
दो
बी] तीन
सी] चार
डी] पांच

lathe lathe machine

LATHE मशीन

274] सेंटर लेथ कितने प्रकार के होते हैं?
दो
बी] तीन

सी] चार

<u>डी] पांच</u>

275] खराद कितने प्रकार का होता है?

ए] <u>दो</u>

बी] तीन

सी] चार

डी] पांच

276] रोलर लेथ किस प्रकार का खराद है?

ए] बेंच खराद

<u>बी] विशेषखराद</u>

सी] उत्पादन खराद

डी] केंद्र खराद

277] बड़े पैमाने पर उत्पादन के लिए किस मशीन का उपयोग किया जाता है?

ए] केंद्र खराद

<u>बी] उत्पादनखराद</u>

सी] विशेष खराद

डी] इंजन खराद

278] अधिक सटीक कार्य के लिए किस खराद का प्रयोग किया जाता है?

ए] केंद्र खराद

बी] विशेष खराद

सी] उत्पादन खराद

<u>डी] टूलरूमलेथ</u>

279] टूल रूम लेथ की सटीकता... से लेकर कंपियर सेंटर लेथ तक है।]

(एक कम

<u>(बी) अधिक</u>

(सी) बहुत कम

(डी) समान

280] लोकोमोटिव में एक्सल के साथ असेंबल व्हील चालू हो रहा है ...... खराद

(ए) केंद्र खराद

(बी) टूल रूम लेथ

<u>(सी) व्हील लेथ</u>

(डी) गैप बेड लेथ

281] निम्नलिखित में से किसका उपयोग नियमित वर्कपीस को होल्ड करने के लिए किया जाता है

ए] फेसप्लेट

बी] मैंड्रेल

c] थ्री-जॉचक

डी] चार जबड़े चक।

lathe chuck Lathe Chuck

खराद चक

282] चार जॉ चक के पिछले हिस्से पर धागों का प्रकार...----- होता है।

एकवर्ग

3] समलम्बाकार

सी] वी-आकार

डी] इनमें से कोई नहीं

283] स्क्रॉल और गियर तंत्र -------------------- में कार्यरत है

ए] कोलेट चक

बी] चुंबकीय चक

सी] तीनजबड़ेचक

डी] चार जबड़े चक

284] थ्री जॉ चक का आकार ----- द्वारा निर्दिष्ट किया जाता है

ए] प्रत्येक जबड़े का आकार

बी] चककेशरीरकाव्यास

सी] शरीर की चौड़ाई चक

डी] प्रत्येक चक की मोटाई

285] चुंबकीय चक को कार्य तालिका के ट्रैवर्स के साथ ----- संरेखित किया जाता है

ए] लंबवत

बी] कोणीय

सी] समानांतर

डी] समानांतर और लंबवत

286] उपकरण जो जमीन के काम के टुकड़े से अवशिष्ट चुंबकत्व को हटा देता है। .

ए] डी-मैग्नेटाइज़र
बी] विद्युत चुंबक
सी] स्थायी चुंबक
डी] उपरोक्त में से कोई नहीं
287] चुंबकीय चक निर्दिष्ट करने के लिए विवरण दिया जाना है ----
ए] प्रकार है कि क्या विद्युत चुम्बकीय
बी] चक की लंबाई
सी] सादा उपाध्यक्ष
डी] येसभी
288] चुंबकीय चक की सीमा है-------
ए] परिवर्तनीय होल्डिंग दबाव
बी] लंबा सेटअप समय
सी] छोटेकामकेटुकड़ेकेसाथकामकरनेऔरकामकरनेमेंकठिनाई
डी] उपरोक्त में से कोई नहीं
289] चुंबकीय चक का उपयोग करते समय विचुंबकीय का उद्देश्य ----
ए] केवल चक को विचुंबकित करें
सी] चकऔरवर्कपीसदोनोंकोडिमैग्नेटाइजकरें
डी] इनमें से कोई नहीं
290] नूरलिंग ऑपरेशन किया जाता है
ए] धुरी गति मोड़ना
बी] उच्च धुरी गति
सी] टर्निंगस्पिंडलस्पीडका 1/3
डी] 1⁄2 टर्निंग स्पिंडल स्पीड
291] नूरलिंग किसका ऑपरेशन है?
ए] बाल काटना
बी] गठन
सी] मोड़
डी] दबाने
292] मैंड्रेल का उपयोग आम तौर पर तब किया जाता है जब मशीनिंग के साथ
ए] भारी कटौती
बी] शॉर्टफेसिंगकट्स
सी] प्रकाश कटौती
डी] उबाऊ उपकरण
293] मोर्स टेंपर का टेंपर रेश्यो है

ए] 10 में 1

बी] 15 में 1

सी] 20 में 1

डी] 25 में 1

294] मोर्स स्टैंडर्ड टेंपर में उपलब्ध है

ए] 16 संख्या

बी] 12 नंबर

सी] 10 नंबर

डी] 8 नंबर

295] टेलस्टॉक विधि को ऑफसेट करके टेपर टर्निंग का उत्पादन किया जा सकता है

ए] एक आंतरिक टेपर

बी] एक आंतरिक टेपर धागा

सी] एकबाहरीशंकु

डी] बाहरी और आंतरिक दोनों टेपर

296] टेपर टर्निंग अटैचमेंट का उपयोग करके, टेपर को तक के सेटिंग कोण के साथ घुमाया जा सकता है

ए] 10◦

बी] 15◦

सी] 20◦

डी] 30◦

taper turning attachment2 Taper Turning Attachment

टेपर टर्निंग अटैचमेंट

297] एक टेपर की शुद्धता की जांच आम तौर पर किसके द्वारा की जाती है...

ए] टेपरगेज

बी] गेज ब्लॉक

सी] संकेतक और ऊंचाई गेज

298] कंपाउंड रेस्ट मेथड द्वारा टेंपर्स को मोड़ने में पूरी तरह से के साथ काम करना शामिल है

ए] दशमलव माप

बी] भिन्नात्मक माप

सी] मीट्रिक माप

डी] कोणीयमाप।

299] लंबे टेपर बनते हैं

ए] टेपर टर्निंग अटैचमेंट के साथ

बी] यौगिक स्लाइड के साथ

सी] टेलस्टॉकपरसेटकरके

डी] क्रॉस स्लाइड को समायोजित करके।

300] मुड़े हुए टेपरों की लंबाई की जाँच की जाती है

ए] वर्नियर कैलिपर

बी] माइक्रोमीटर

सी] कॉलपर के अंदर

डी] डायल टेस्ट इंडिकेटर।

301] कॉम का उपयोग करके टेपर टर्निंग के नुकसान। पाउंड स्लाइड हैं

ए] केवल लंबे टेपर चालू किए जा सकते हैं

बी] केवल बहुत बड़े टेपर को चालू किया जा सकता है

सी] फ़ीड में केवल मैनुअल संभव है

डी] कंपाउंड स्लाइड के प्रतिबंधों के कारण केवल छोटे टेपर ही चालू किए जा सकते हैं।

302] बाहरी टेपर की जाँच की जाती है

ए] प्लग गेज सीमित करें

बी] टेपर रिंग गेज

सी] टेपर प्लग गेज

डी] धागा प्लग गेज।

taper ring gauge 1 Ring Gauge

टेपर रिंग गेज

303] खराद को चालू करने वाले टेपर का उपयोग होता है ----

ए] इकट्ठे भागों में ड्राइव संचारित करने में सहायता करें

बी] विधानसभा और भागों के जुदा करने के लिए प्रयुक्त

सी] इकट्ठे भागों में आत्म संरेखण दें

304] छोटी लंबाई के टेपर के उत्पादन के बड़े पैमाने पर उत्पादन में किस प्रकार की विधि का उपयोग किया जाता है?

ए] फॉर्मटूल

बी] कंपाउंड स्लाइड

सी] टेलस्टॉक ऑफसेट।

डी] टेपर टर्निंग अटैचमेंट

305] मोर्स स्टैण्डर्ड टेंपर अंतरराष्ट्रीय स्तर पर स्वीकृत मानक टेंपर में से एक है, जो ----- से संख्या में उपलब्ध है।

ए]1to7

बी] 1 से 8

सी] ओसे 7

डी] 0 से 8

306] खड़ी टेपर को काटने के लिए किस टेपर टर्निंग विधि का उपयोग किया जाता है?

ए] विधि पर सेट करें

बी] टेपर टर्निंग अटैचमेंट

सी] फॉर्म टूल

डी] कंपाउंडरेस्टकोघुमाना

307] मोर्स टेपर का प्रयोग निम्नलिखित में से किस मशीन के घटकों में किया जाता है -...

ए] खराद की धुरी

बी] ड्रिल मशीन की धुरी

सी] रीमर के शैंक्स

डी] येसभी

308] टेपर के बड़े पैमाने पर उत्पादन के लिए निम्नलिखित में से किस विधि का उपयोग किया जाता है......

ए] टेलस्टॉक ऑफसेट विधि

बी] टेपर टर्निंग अटैचमेंट मेथड

C] फॉर्मटूमेथड

डी] कंपाउंड स्लाइड विधि

309] तने का प्रमुख व्यास 40 मिमी है, लघु व्यास 30 मिमी है। कार्य की कुल लंबाई 100 मिमी है जिसे टेप किया जाता है फिर ऑफसेट दिया जाता है -

ए] 5 मिमी

बी] 7.5 मिमी

सी] 12 मिमी

डी] 9 मिमी

310] .... & .... फॉर्म टर्निंग में शेप जॉब टर्निंग?

ए] सादा और वी आकार

बी] स्क्वायर और राउंड

सी] अवतलऔरउत्तल

डी] वी एंड राउंड

311] मशीन के फॉर्म टर्निंग से कौन सा हिस्सा बनता है?

ए] बेस

बी] बेड

सी] कैरेज

डी] हैंडल

312] इस उद्देश्य के लिए किया गया फॉर्म टर्निंग....?

ए] आकर्षकनौकरीकेलिए

बी] बड़ी सामग्री काटने के लिए

सी] बेहतर परिष्करण के लिए

D] नौकरी में सबसे छोटी कटौती के लिए

313] फॉर्म टर्निंग के बड़े पैमाने पर उत्पादन के लिए किस प्रकार के धातु उपकरण का उपयोग किया जाता है?

ए] एचएसएस

बी] एचसीएस

सी] कार्बाइड

डी] सीमेंटाइट

314] एक बीएसडब्ल्यू थ्रेडिंग टूल को शामिल कोण के साथ ग्राउंड किया जाना है

ए] 55◦

बी] 60◦

सी] 47.5◦

डी] 29◦

315] एक मीट्रिक 'वी' थ्रेड टूल की नाक त्रिज्या है

ए] 0.144 एक्सपी

बी] 0.25 एक्स पी

सी] 0.414 एक्स पी

डी] 0.0144 एक्स पी

316] बीआईएस मीट्रिक धागे की गहराई है

ए] 0.6403 एक्स पी

बी] 0.6 एक्स पी

सी] <u>0.6134 एक्सपी</u>

डी] 0.5 एक्स पी

317] थ्रेडिंग टूल को 60◦ कोण के लिए सटीकता के लिए a . का उपयोग करके जांचा जाता है

ए] थ्रेड प्लग गेज

बी] <u>केंद्रगेज</u>

सी] पेंच पिच गेज

डी] उपकरण कोण गेज

318] प्रति इंच थ्रेड्स की संख्या की जाँच a . से की जा सकती है

ए] टूल गेज

बी] गिनती द्वारा मीट्रिक नियम

सी] रिंग गेज

डी] <u>पेंचपिचगेज</u>

screw pitch gauge Screw Pitch Gauge

<u>पेंचपिचगेज</u>

319] थ्रेडिंग करते समय, गाड़ी को रास्ते में ले जाया जाता है

ए] एक ट्रैक पर एक गियर ट्रेन

बी] फीड रॉड स्पलाइन या की-वे

सी] <u>लीडस्क्रूथ्रेड</u>

डी] हाथ पहिया

320] थ्रेड चेज़र का उपयोग के लिए किया जाता है

ए] धागे का त्वरित उत्पादन

बी] <u>धागेकाएकसटीकरूपबनाएरखना</u>
सी] कठोर सामग्री पर धागे काटना
डी] नरम सामग्री पर धागे काटना
321] थ्रेड चेज़र किससे बने होते हैं?
ए] कार्बन स्टील
बी] उच्च गति स्टील
सी] <u>उपकरणकाइस्तेमालकिया</u>
डी] स्टेनलेस स्टील
322] चेज़र का उपयोग काटने के लिए किया जाता है
ए] <u>'वी' फॉर्मथ्रेड्सकेवल</u>
बी] केवल चौकोर धागे
सी] केवल एक्मे धागे
डी] धागे का कोई भी रूप
323] एम24 x 3 मिमी पिच आंतरिक धागे काटने के लिए, नौकरी का मुख्य व्यास है
ए] 27.00 मिमी
बी] 24.50 मिमी
सी] <u>21.00 मिमी</u>
डी] 24.00 मिमी
324] एम24 x 3 मिमी आंतरिक धागे के लिए कट की गहराई है
ए] <u>0.5412 x 3</u>
बी] 0.6134 x 3
सी] 0.5 x 3
डी] 0.7 x 3
325] 24 x 3 मिमी आंतरिक एक्मे धागे को काटने के लिए, कार्य का मुख्य व्यास है
ए] 20.00 मिमी
बी] 21.66 मिमी
सी] 21.00 मिमी
डी] <u>20.60 मिमी</u>
326] मीट्रिक स्क्वायर थ्रेडिंग के लिए कट की गहराई है
ए] 0.6 एक्स पी
बी] <u>0.5 एक्सपी</u>
सी] 0.5412 एक्स पी
डी] 0.6412 एक्स पी
327] बट्रेस धागे को काटने के लिए, कट की गहराई है

ए] 0.5412 एक्स पी

बी] 0.6 एक्सपी

सी] 0.7 एक्स पी

डी] 0.75 एक्स पी

328] एक्मे धागे को काटने के लिए, उपकरण को शामिल कोण पर रखा गया है

ए] 60◦

बी] 29◦

सी] 47.5◦

डी] 30◦

329] हाफ नट लीवर का उपयोग के लिए किया जाता है

ए] गाड़ी पर अनुदैर्ध्य फ़ीड संलग्न करना

बी] क्रॉस-स्लाइड नट में सुस्ती लेना

सी] अनुदैर्ध्य से क्रॉस-फीड में बदलना

डी] धागेकाटना

330] आसन्न धागे (बाहरी धागे) के दोनों किनारों को मिलाने वाली निचली सतह है...

ए] फ्लैंक

बी] रूट

सी] क्रेस्ट

डी] पिच

331] बढ़ई के काम में इस्तेमाल होने वाले धागे का रूप है...

एक वर्ग

बी] एक्मे धागा

सी] सॉवोथथ्रेड

डी] अंगुली धागा

332] ढलवां लोहे का उपयोग मशीन बिस्तरों के निर्माण के लिए किया जाता है क्योंकि

ए] यहअधिकसंपीड़नतनावकाविरोधकरसकताहै

बी] यह वजन में भारी है

C] यह सस्ती धातु है

D] यह एक भंगुर धातु है

333] निम्नलिखित में से कौन सा ऑपरेशन सेंटर लेथ पर नहीं किया जा सकता है? .

ए] टर्निंग

बी] धागा काटना

सी] गियरकाटना

डी] टेपर टर्निंग

gears gears

<u>गियर</u>

334] कार्बाइड टिप टूल के लिए हार्ड मटेरियल को चालू करने के लिए .....एक्सेंशियल है?

ए] साइड रेक कोण

बी] शून्य रेक कोण

सी] सकारात्मक रेक कोण

D] <u>ऋणात्मकरेककोण</u>

335] एक स्लॉट को 373 आरपीएम पर घूर्णन करने वाली 9 मिमी व्यास की स्लॉट मिल का उपयोग करके स्टील के घटक में मिल किया जाना है। काटने की गति होगी

ए] <u>10.55 मी/मिनट</u>

बी] 26.7 मीटर/मिनट

सी] 181.9 मीटर/मिनट

डी] 11 मीटर/मिनट

336] 14 मीटर/मिनट की काटने की गति के लिए 12 मिमी व्यास की अंत मिल स्थापित की जानी है। मशीन पर सेट होने वाला आरपीएम होना चाहिए

ए] 271.7 आरपीएम

बी] 183.17 आरपीएम

सी] 76 आरपीएम

डी] <u>371.21 आरपीएम</u>

337] एक कटर का व्यास 80 मिमी है। यदि काटने की गति 20 मीटर/मिनट हो। धुरी का आरपीएम होना चाहिए

ए] 90.7 आरपीएम

बी] <u>79.55 आरपीएम</u>

सी] 25.75 आरपीएम

डी] 107.95 आरपीएम

338] जीरो रेक एंगल टूल के लिए दें?

ए] उपकरण के घर्षण से बचने के लिए

बी] <u>उपकरणजीवनकोबढ़ानेकेलिए</u>

C] सीधे टूल को बढ़ाने के लिए

डी] काम पर बेहतर परिष्करण के लिए

339] फॉर्म टर्निंग के बड़े पैमाने पर उत्पादन के लिए किस प्रकार के धातु उपकरण का उपयोग किया जाता है?

ए] एचएसएस

बी] एचसीएस

सी] <u>कार्बाइड</u>

डी] सीमेंटाइट

340] जब काटने का उपकरण अपनी क्रिया शुरू करता है और इस स्थिति में काटने की शक्ति में वृद्धि होती है तो उपकरण का प्रभाव क्या होता है..?

ए] उपकरण का निकासी कोण अधिक है

बी] <u>उपकरणकानिकासीकोणकमहै</u>

C] टूल का रेक एंगल कम होता है

D] टूल का रेक एंगल ज्यादा होता है

341] टूल के लिए रेक एंगल का उद्देश्य है?

ए] <u>मानसिकचिप्सकेलिएसहीदिशा</u>

बी] काम पर अच्छा परिष्करण

सी] उपकरण के जीवन को बढ़ाने के लिए

डी] नौकरी और उपकरण के बीच घर्षण से बचने के लिए

342] कटिंग टूल के लिए क्लीयरेंस एंगल प्रदान करने का उद्देश्य है?

ए] धातु काटने वाले चिप्स की सही दिशा के लिए

बी] नौकरी के हिट होने पर घर्षण को कम करें

सी <u>] नौकरीघर्षणकेऋषिकेलिए</u>

डी] काम पर बेहतर परिष्करण के लिए

343] यदि काटने के उपकरण ऊपरी केंद्र की ऊँचाई निर्धारित करते हैं तो क्या होता है?

ए] <u>शीर्षरेककोणबढ़ाएं</u>

बी] कम शीर्ष रेक कोण

सी] शीर्ष रेक कोण पर कोई प्रभाव नहीं

डी] निकासी कोण बढ़ाएँ

344] यदि कटिंग टूल सेटिंग को केंद्र की ऊंचाई से कम किया जाए तो क्या होगा?

ए] शीर्ष रेक कोण बढ़ाएं

बी] <u>शीर्षरेककोणघटाएं</u>

सी] रेक पर कोई प्रभाव नहीं

डी] निकासी कोण घटाएं

345] अगर काटने का उपकरण नौकरी के केंद्र को परेशान कर रहा है?

ए] फ्रंट क्लीयरेंस एंगल बढ़ाएं

बी] <u>फ्रंटक्लीयरेंसएंगलघटाएं</u>

सी] सामने निकासी कोण पर कोई प्रभाव नहीं

डी] उनमें से कोई नहीं

346] यदि कटिंग टूल डाउन सेटिंग ऑफ़ जॉब है?

ए] <u>फ्रंटक्लीयरेंसएंगलबढ़ाहुआहै</u>

बी] सामने निकासी कोण कम हो गया है

सी] निकासी कोण पर कोई प्रभाव नहीं

डी] उनमें से कोई नहीं

347] जीरो रेक एंगल टूल के लिए दें?

ए] उपकरण के घर्षण से बचने के लिए

बी] <u>उपकरणजीवनकोबढ़ानेकेलिए</u>

C] सीधे टूल को बढ़ाने के लिए

डी] काम पर बेहतर परिष्करण के लिए

348] कार्बाइड टिप टूल के लिए हार्ड मटेरियल को चालू करने के लिए... ..एक्सेंशियल है?

ए] साइड रेक कोण

बी] शून्य रेक कोण

सी] सकारात्मक रेक कोण

D] <u>ऋणात्मकरेककोण</u>

349] काटने के उपकरण की धार को नहीं तोड़ने के लिए...?

ए] फ़ीड वृद्धि

बी] काटने की गति कम हुई

सी] नाक की लंबाई कम हो जाती है

डी] <u>ऋणात्मकरेककोणकाप्रयोगकरें</u>

350] एक टूल में चिप ब्रेकर दिया गया है

<u>ए] 'यह चिप्स को छोटे टुकड़ों में तोड़ देता है'</u>

B] लॉन्ग कट से निरंतर प्रकार के चिप्स प्राप्त करने के लिए

सी] कुचल चिप्स है।

351] स्टेप टाइप चिप ब्रेकर एक है

ए] जिसमें एक छोटा नाली काटने वाले किनारे के पीछे जमीन है

<u>बी] जिसमें एक कदम आईएस उपकरण के चेहरे पर अत्याधुनिक के साथ जमीन पर है</u>

सी] जिसमें एक पतली कार्बाइड प्लेट या क्लैंप उपकरण के चेहरे पर ब्रेज़्ड या खराब हो जाता है।

352] सीमेंटेड कार्बाइड ट्रेडिंग टूल के लिए निम्नलिखित में से किस प्रकार का टिप?

ए] रिजेक्ट टूल पर क्लैम्पिंग के लिए

बी] उपकरणपरटांकनाकेसाथ

सी] उपकरण पर वेल्डिंग के साथ

डी] टूल पर सोल्डरिंग के साथ

353] सीमेंटेड कार्बाइड थ्रेडिंग टूल का सिरा है

ए] ब्रेज़्ड

बी] वेल्डेड

सी] मिलाप

D] टांग से जकड़ा हुआ

354] एचएसएस टूल्स के साथ एल्यूमीनियम के लिए काटने की गति है

ए] 30 मीटर/मिनट

बी] 50 मीटर/मिनट

सी] 70 मीटर/मिनट

डी] 130 मीटर/मिनट

355] एचएसएस उपकरण के साथ पीतल के लिए काटने की गति है

ए] 10 मीटर/मिनट

बी] 25 मीटर/मिनट

सी] 70 मीटर/मिनट

डी] 140 मीटर/मिनट

356] मशीनिंग के दौरान किसी उपकरण की अत्याधुनिक सामग्री सामग्री के ऊपर से गुजरने वाली दूरी को इस रूप में जाना जाता है...

ए] आरपीएम

बी] फ़ीड

सी] मशीन की गति

डी] काटनेकीगति

357] वर्कपीस पर शीतलक का उपयोग करके हम चुन सकते हैं

ए] उच्चकाटनेकीगति

बी] लोअर कटिंग फीड

सी] कम काटने की गति

डी] कटौती की भारी गहराई

358] ब्रेक डाउन मेंटेनेंस क्या है?

ए] अप्रत्याशित टूटने को कम करने के लिए रखरखाव

बी] रखरखाव आमतौर पर स्वयं ऑपरेटर द्वारा किया जाता है

सी] रखरखाव में खराब हो चुके हिस्सों को बदलना शामिल है

D] मशीनखराबहोनेपरहीमरम्मतकार्यकियाजाताहै

359] एक्सट्रीम प्रेशर एडिटिव (ईपीए) को काटने वाले द्रव के साथ मिलाया जाता है ताकि इसकी शक्ति में सुधार हो सके।

ए] कूलिंग

बी] स्नेहन

डी] मशीनी सतह का उत्पादन

सी] कटिंग जोन की सफाई

360] मशीन टूल्स में लुब्रिकेंट का उपयोग करने का मुख्य उद्देश्य है ------

ए] बनाने वाले हिस्सों को ठंडा करें

बी] मशीन टूल को गर्म होने से रोकें

सी] निकट संपर्क के लिए बनाने वाले हिस्सों को गीला करें

डी] बनानेवालेहिस्सोंकेबीचघर्षणकोकमकरें

361] निवारक अनुरक्षण है ....

ए] रखरखाव में संवेदनशील उपकरणों का उपयोग शामिल है

बी] रखरखाव आमतौर पर ऑपरेटर द्वारा स्वयं किया जाता है

सी] काम तभी किया जाता है जब मशीन खराब हो जाती है

डी] अप्रत्याशितटूटनेकोकमकरनेकीयोजना

362] ब्रेक डाउन रखरखाव क्या है?

ए] अप्रत्याशित टूटने को कम करने के लिए रखरखाव

बी] रखरखाव आमतौर पर स्वयं ऑपरेटर द्वारा किया जाता है

सी] रखरखाव में खराब हो चुके हिस्सों को बदलना शामिल है

D] मशीनखराबहोनेपरहीमरम्मतकार्यकियाजाताहै

363] नियमित रखरखाव है ----------

ए] अप्रत्याशित टूटने को कम करने के लिए यह नियोजित रखरखाव है

बी] इस प्रकार के रखरखाव में संवेदनशील उपकरण का उपयोग शामिल है

सी] यह मरम्मत का काम है जब मशीन खराब हो जाती है

डी] इसप्रकारकारखरखावआमतौरपरऑपरेटरद्वारास्वयंकियाजाताहै

364] स्नेहक के लिए आवश्यक है ....

ए] कमसेकमभारलेतेहुएमशीनकोसुचारूरूपसेचलाएं

बी] मशीन को जल्दी से चलाएं

सी] मशीन को तुरंत बंद करो

डी] अधिक सटीकता के काम के टुकड़े का उत्पादन करें

365] मशीन टूल्स में लुब्रिकेंट का उपयोग करने का मुख्य उद्देश्य है ------

ए] बनाने वाले हिस्सों को ठंडा करें

बी] मशीन टूल को गर्म होने से रोकें

सी] निकट संपर्क के लिए बनाने वाले हिस्सों को गीला करें

डी] बनानेवालेहिस्सोंकेबीचघर्षणकोकमकरें

फिटरट्रेडकेलिएशीटमेटलएमसीक्यू

366] एक आयताकार ट्रे को विकसित करने के लिए विकास की किस विधि का उपयोग किया जाता है?

ए] त्रिकोणीय विधि

बी] रेडियल लाइन विधि

सी] समानांतररेखाविधि

डी] परीक्षण और त्रुटि विधि

367] हाथ के स्तर के कतरनी के ऊपरी ब्लेड के चाकू काटने वाले किनारे की रूपरेखा क्या है?

ए] घुमावदार

बी] सीधे

सी] झुका हुआ

डी] बेवलड

368] शीट मेटल वर्क में ग्रोवर का उपयोग किस उद्देश्य के लिए किया जाता है?

ए] एक हेम बनाने के लिए

बी] खांचे बनाने के लिए

सी] तेजीकोबंदकरनेऔरबंदकरनेकेलिए

डी] ताकत के लिए फिर नौकरी के किनारे

369] शीट मेटल के किनारों को शार्प बेंड, फोल्डिंग बनाने के लिए किस प्रकार का दांव चुनना है?

ए] हैचेटहिस्सेदारी

बी] चोंच लोहे की हिस्सेदारी

सी] स्क्वायर एज हिस्सेदारी

डी] टिनमैन की निहाई हिस्सेदारी

370] अमोनियम क्लोराइड का उपयोग टांका लगाने के लिए फ्लक्स के रूप में किया जाता है...

ए] स्टील

बी] एल्यूमीनियम

सी] जस्ती लोहा

डी] स्टेनलेस स्टील

371] एक पाइप टी जोड़ के लीक प्रूफ जोड़ों को बनाने और खत्म करने के लिए उपयोग किए जाने वाले उपकरण का नाम बताएं

ए] ग्रोवर

बी] हथौड़ा स्थापित करना

सी] क्रीजिंग हैमर

डी] राउंड बॉटम स्टेक

372] निम्नलिखित में से कौन सी धातु एक्स-रे से गुजरने की अनुमति नहीं देगी?

ए] स्टेनलेस स्टील

बी] एल्यूमीनियम

सी] सीसा

डी] टिन

373] निबलिंग मशीन में कटिंग एज के ऊपर और नीचे कंपन की आवृत्ति होती है...

ए] 1000 से 1500 बार

बी] 1500 से 2500 बार

सी] 2800 से 3000 बार

डी] 3000 से 3500 बार

374] पाइप टी जोड़ के मुख्य पाइप के साथ शाखा पाइप की लंबवतता की जांच करने के लिए इस्तेमाल किए जाने वाले उपकरण का नाम दें

ए] चांदा

बी] स्क्वायरकाप्रयासकरें

सी] आत्मा स्तर

डी] सीधा किनारा

375]। जब एक ही हेम समकोण पर मिलता है तो किस प्रकार के पायदान का उपयोग किया जाता है?

ए] वी पायदान

बी] भट्ठा पायदान

सी] तिरछापायदान

डी] वर्ग पायदान

376] छोटे छिद्रों को काटने के लिए किस प्रकार की पंच और डाई प्रकार की मशीन का उपयोग किया जाता है?

ए] कतरनी प्रकार निबलर

बी] पंचप्रकारनिबलर

सी] परिपत्र काटने की मशीन

डी] गिलोटिन बाल काटना मशीन

377] ब्लो पाइप नोजल के अधिक गर्म होने से बचना चाहिए क्योंकि यह

ए] बैकफायरकाकारणबनताहै

बी] अधिक ऑक्सीजन और एसिटिलीन का उपभोग करें

सी] जोड़ में दोष के माध्यम से जलन पैदा करें

डी] जोड़ में अंडरकट दोष पैदा करना

378] नोज़ल का आकार बताएं जिसे आप 3.15 मिमी मोटी माइल्ड स्टील शीट वेल्ड करने के लिए चुनेंगे

ए] 3

बी.5

सी] 7

डी] 10

381]। एक पट्टिका वेल्ड की जड़ और पैर की अंगुली के बीच की दूरी को कहा जाता है ...

ए] रूट गैप

बी] पैरकीलंबाई

सी] सुदृढीकरण

डी] गले की मोटाई

382] उस वेल्ड दोष का नाम बताइए जो हल्के स्टील शीट के किनारे और सतह की अनुचित सफाई के कारण होता है

ए] जड़ प्रवेश की कमी

बी] के माध्यम से जला

सी] अंडरकट

डी] सरंध्रता

383] धातुओं का निम्नलिखित में से कौन सा यांत्रिक गुण खींचने वाले बलों का प्रतिरोध करता है?

ए] कठोरता

बी] लचीलापन

सी] कठोरता

डी] तन्यशक्ति

285] स्पिंडल कार्य तालिका के लंबवत है

ए] क्षैतिज मिलिंग मशीन

बी] लंबवत मिलिंग मशीन

सी] यूनिवर्सल मिलिंग मशीन]
डी] खराद मशीन
286] टेबल को क्षैतिज तल में घुमाया जा सकता है
ए] क्षैतिज मिलिंग मशीन
बी] लंबवत मिलिंग मशीन
सी] <u>यूनिवर्सल मिलिंग मशीन</u>]
डी] खराद मशीन

milling machine milling machine

287] धुरी कार्य तालिका के लिए क्षैतिज है
ए] <u>क्षैतिज मिलिंग मशीन</u>
बी] लंबवत मिलिंग मशीन
सी] यूनिवर्सल मिलिंग मशीन]
डी] खराद मशीन
288] कठोर, मजबूत और भारी काम को समायोजित करने के लिए
ए] <u>क्षैतिज मिलिंग मशीन</u>
बी] लंबवत मिलिंग मशीन
सी] यूनिवर्सल मिलिंग मशीन]
डी] खराद मशीन
289] इस मशीन पर बोरिंग, की-वे कटिंग, प्रोफाइल मिलिंग की जा सकती है
ए] क्षैतिज मिलिंग मशीन
बी] <u>लंबवत मिलिंग मशीन</u>
सी] यूनिवर्सल मिलिंग मशीन]
डी] खराद मशीन
290] इस मशीन पर पेचदार खांचे और गियर मिल सकते हैं।
ए] क्षैतिज मिलिंग मशीन
बी] लंबवत मिलिंग मशीन
सी] <u>यूनिवर्सल मिलिंग मशीन</u>]

डी] खराद मशीन

291] कॉलम पर स्लाइड मूवमेंट

ए] अनुदैर्ध्य फ़ीड

बी] क्रॉस फीड

सी] <u>लंबवत फ़ीड</u>

डी] परिपत्र फ़ीड]

292] घुटने पर स्लाइड मूवमेंट

ए] अनुदैर्ध्य फ़ीड

बी] <u>क्रॉस फीड</u>

सी] लंबवत फ़ीड

डी] परिपत्र फ़ीड]

293] रोटरी टेबल

ए] अनुदैर्ध्य फ़ीड

बी] क्रॉस फीड

सी] लंबवत फ़ीड

डी] <u>परिपत्र फ़ीड</u>]

294] टेबल ट्रैवर्स]

ए] <u>अनुदैर्ध्य फ़ीड</u>

बी] क्रॉस फीड

सी] लंबवत फ़ीड

डी] परिपत्र फ़ीड]

295] बाएँ हाथ के धागों के साथ लंबे आर्बर थ्रेडेड सिरे को प्रदान किया जाता है

ए] किसी भी स्थिति में कटर और आर्बर के बीच चाबी डालने की सुविधा के लिए '

बी] आर्बर को सकारात्मक बिजली संचरण की सुविधा के लिए

सी] 'अर्जरों और मशीनों की अदला-बदली की सुविधा' के लिए

डी] <u>काटने की क्रिया के दौरान आर्बर नट को ढीला होने से बचाने के लिए</u>]

296] लंबे आर्बर टेपर सिरों आईएसओ मानकों के अनुसार हैं

ए] किसी भी स्थिति में कटर और आर्बर के बीच चाबी डालने की सुविधा के लिए '

बी] <u>आर्बर को सकारात्मक बिजली संचरण की सुविधा के लिए</u>

सी] 'अर्जरों और मशीनों की अदला-बदली की सुविधा' के लिए

डी] काटने की क्रिया के दौरान आर्बर नट को ढीला होने से बचाने के लिए]

297] टेनन स्लॉट आर्बर शोल्डर पर दिए गए हैं

ए] किसी भी स्थिति में कटर और आर्बर के बीच चाबी डालने की सुविधा के लिए '

बी] आर्बर को सकारात्मक बिजली संचरण की सुविधा के लिए

सी] <u>'अर्जरों और मशीनों की अदला-बदली की सुविधा' के लिए</u>

डी] काटने की क्रिया के दौरान आर्बर नट को ढीला होने से बचाने के लिए]

298] कुंजी स्लॉट प्रदान किया गया है ओह पूरी आर्बर लंबाई]

ए] <u>किसी भी स्थिति में कटर और आर्बर के बीच चाबी डालने की सुविधा के लिए</u> ।

बी] आर्बर को सकारात्मक बिजली संचरण की सुविधा के लिए

सी] 'अर्जरों और मशीनों की अदला-बदली की सुविधा' के लिए

डी] काटने की क्रिया के दौरान आर्बर नट को ढीला होने से बचाने के लिए]

299] कटर की धुरी के लंबवत सतह का निर्माण करता है

ए] <u>फेस मिलिंग प्रक्रिया है</u>

बी] साइड मिलिंग प्रक्रिया है

सी] सादा मिलिंग प्रक्रिया है

डी] अंत मिलिंग प्रक्रिया है

300] मशीन आर्बर के लंबवत और सपाट सतहों का निर्माण

ए] फेस मिलिंग प्रक्रिया है

बी] <u>साइड मिलिंग प्रक्रिया है</u>

सी] सादा मिलिंग प्रक्रिया है

डी] अंत मिलिंग प्रक्रिया है

301] स्लॉट बनाने के लिए अंत और परिधि पर कटिंग की जाती है

ए] फेस मिलिंग प्रक्रिया है

बी] साइड मिलिंग प्रक्रिया है

सी] सादा मिलिंग प्रक्रिया है

डी] <u>अंत मिलिंग प्रक्रिया है</u>

302] प्लेन मिलिंग मशीन पर की जाने वाली प्रक्रिया

ए] फेस मिलिंग प्रक्रिया है

बी] साइड मिलिंग प्रक्रिया है

सी] <u>सादा मिलिंग प्रक्रिया है</u>

डी] अंत मिलिंग प्रक्रिया है

303] वर्टिकल मिलिंग मशीन पर की जाने वाली प्रक्रिया।

ए] <u>फेस मिलिंग प्रक्रिया है</u>

बी] साइड मिलिंग प्रक्रिया है

सी] सादा मिलिंग प्रक्रिया है

डी] अंत मिलिंग प्रक्रिया है

304] कोबाल्ट टंगस्टन कार्बाइड और टेंटलम कार्बाइड की संरचना

ए] कार्बन स्टील कटर

बी] धातुमल कार्बाइड उपकरण कटर

सी] सिरेमिक कटर

डी] डायमंड कटर

305] एल्यूमीनियम और सिलिकॉन या मैग्नीशियम के आक्साइड की एक संरचना

ए] कार्बन स्टील कटर

बी] धातुमल कार्बाइड उपकरण कटर

सी] सिरेमिक कटर

डी] डायमंड कटर

306] स्टील 1.1% से 1.5% कार्बन के साथ

ए] कार्बन स्टील कटर

बी] धातुमल कार्बाइड उपकरण कटर

सी] सिरेमिक कटर

डी] डायमंड कटर

milling cutters

Milling Cutters

307] कम काटने की गति और फ़ीड दरों के लिए उपयुक्त

ए] <u>कार्बन स्टील कटर</u>

बी] धातुमल कार्बाइड उपकरण कटर

सी] सिरेमिक कटर

डी] डायमंड कटर

308] सटीक परिष्करण के लिए कम फ़ीड दर के साथ अत्यधिक उच्च काटने की गति]

ए] कार्बन स्टील कटर

बी] धातुमल कार्बाइड उपकरण कटर

सी] सिरेमिक कटर

डी] <u>डायमंड कटर</u>

309] प्रकृति में अधिक भंगुर

ए] कार्बन स्टील कटर

बी] धातुमल कार्बाइड उपकरण कटर

सी] सिरेमिक कटर

डी] <u>डायमंड कटर</u>

310] का उपयोग रिमर्स पर बांसुरी काटने के लिए किया जाता है

ए] समान डबल कोण कटर

बी] बोर टाइप सिंगल एंगल कटर

सी] <u>असमान डबल कोण कटर</u>

डी] शैंक टाइप सिंगल एंगल कटर]

311] का उपयोग क्षैतिज मिलिंग मशीन पर डोवेटेल गाइड के तरीकों को काटने के लिए किया जाता है

ए] समान डबल कोण कटर

बी] बोर टाइप सिंगल एंगल कटर

सी] असमान डबल कोण कटर

डी] <u>शैंक टाइप सिंगल एंगल कटर</u>]

312] 'वी' खांचे को काटने के लिए प्रयोग किया जाता है

ए] <u>समान डबल कोण कटर</u>

बी] बोर टाइप सिंगल एंगल कटर

सी] असमान डबल कोण कटर

डी] शैंक टाइप सिंगल एंगल कटर]

313] टाइप 'ए' के रूप में दो प्रकार हैं, छोटे सिरे के व्यास के आधार पर 'बी' टाइप करें

ए] समान डबल कोण कटर

बी] बोर टाइप सिंगल एंगल कटर

सी] असमान डबल कोण कटर

डी] <u>शैंक टाइप सिंगल एंगल कटर</u>]

314] दो कोणों का उल्लेख करके निर्दिष्ट किया गया है

ए] समान डबल कोण कटर

बी] बोर टाइप सिंगल एंगल कटर

सी] <u>असमान डबल कोण कटर</u>

डी] शैंक टाइप सिंगल एंगल कटर]

315] सपाट किनारे पर किनारे हो सकते हैं या नहीं भी हो सकते हैं]

ए] समान डबल कोण कटर

बी] <u>बोर टाइप सिंगल एंगल कटर</u>

सी] असमान डबल कोण कटर

डी] शैंक टाइप सिंगल एंगल कटर]

316] कार्यक्षेत्र मिलिंग लगाव

ए] <u>फेस मिलिंग, बोरिंग, एंड ड्रिलिंग, 'टी' स्लॉट मिलिंग</u>

बी] मिलिंग लंबे मिलिंग रैक

सी] कॉलम के चेहरे या ऊपरी बांह पर घुड़सवार

D] वर्टिकल मिलिंग अटैचमेंट दिया गया है

317] वर्टिकल मिलिंग मशीन के रूप में प्लेन या यूनिवर्सल मिलिंग मशीन का उपयोग करने के लिए

ए] फेस मिलिंग, बोरिंग, एंड ड्रिलिंग, 'टी' स्लॉट मिलिंग

बी] मिलिंग लंबे मिलिंग रैक

सी] कॉलम के चेहरे या ऊपरी बांह पर घुड़सवार

डी] <u>वर्टिकल मिलिंग अटैचमेंट प्रदान किया गया है</u>

318] लंबवत संलग्नक क्षैतिज मिलिंग मशीन को प्रदर्शन करने में सक्षम बनाता है

ए] <u>फेस मिलिंग, बोरिंग, एंड ड्रिलिंग, 'टी' स्लॉट मिलिंग</u>

बी] मिलिंग लंबे मिलिंग रैक

सी] कॉलम के चेहरे या ऊपरी बांह पर घुड़सवार

D] वर्टिकल मिलिंग अटैचमेंट दिया गया है

319] रैक मिलिंग अटैचमेंट और रैक इंडेक्सिंग अटैचमेंट के लिए इस्तेमाल किया गया

ए] फेस मिलिंग, बोरिंग, एंड ड्रिलिंग, 'टी' स्लॉट मिलिंग

बी] <u>मिलिंग लंबे मिलिंग रैक</u>

सी] कॉलम के चेहरे या ऊपरी बांह पर घुड़सवार

D] वर्टिकल मिलिंग अटैचमेंट दिया गया है

320] स्लॉटिंग अटैचमेंट कनवर्ट करता है। स्पिंडल की रोटरी गति

ए] लंबवत मिलिंग अटैचमेंट प्रदान किया जाता है
B] किसी भी दिशा में 90x घुमाया जा सकता है
सी] मशीन की बहुमुखी प्रतिभा बढ़ाने के लिए
डी] पारस्परिक गति में
321] मिलिंग अटैचमेंट डिज़ाइन किए गए हैं]
ए] लंबवत मिलिंग अटैचमेंट प्रदान किया जाता है
B] किसी भी दिशा में 90x घुमाया जा सकता है
सी] मशीन की बहुमुखी प्रतिभा बढ़ाने के लिए
डी] पारस्परिक गति में
322] अटैचमेंट लाइट मशीनिंग को शामिल करने के लिए उपयोगी है।
ए] गियर काटने का लगाव
बी] गोलाकार मोड़ लगाव
सी] लगाव से राहत]
डी] उपरोक्त में से कोई नहीं
323] उपकरण उन्नति है] कैम प्रोफाइल द्वारा नियंत्रित।
ए] गियर काटने का लगाव
बी] गोलाकार मोड़ लगाव
सी] लगाव से राहत]
डी] उपरोक्त में से कोई नहीं

milling attachment 1 Milling Attachment

324] स्प्लिन आदि काटने के लिए उपयोगी।
ए] गियर काटने का लगाव
बी] गोलाकार मोड़ लगाव
सी] लगाव से राहत]
डी] उपरोक्त में से कोई नहीं
376] ग्राइंडिंग व्हील की कठोरता __________ द्वारा निर्धारित की जाती है
ए] प्रतिरोधलगायागया] बंधनद्वारातनावकोपीसनेकेखिलाफ

बी] घर्षण अनाज की कठोरता

सी] बंधन की कठोरता

डी] प्रवेश करने की क्षमता

377] जब ग्राइंडिंग व्हील को बहुत तेज गति से सुरक्षित रूप से चलाने की आवश्यकता होती है, तो किस बंधन का उपयोग किया जाना चाहिए? "

ए] विट्रिफाइड

बी] शैलैक

सी] सिलिकेट

<u>डी] रेजिनॉयड' औररबर</u>

378] सतह पीसने में सामान्य प्रयोजन सतह पीसने के लिए पीसने वाले पहिये के अनाज के आकार की उपयुक्त सीमा क्या है?

ए] 20 से 36

<u>बी] 46 से 60</u>

सी] 80 से 120

डी] 150 से 300

379] भारतीय मानक के अनुसार, अनाज '46'। «w] के समूह के अंतर्गत आता है -----

ए] मोटे

<u>बी] मध्यम</u>

सी] ठीक

डी] बहुत बढ़िया

380] ग्राइंडिंग व्हील में प्रयुक्त अपघर्षक का ग्रिट आकार आमतौर पर ---------- द्वारा निर्दिष्ट किया जाता है

ए] कठोरता संख्या

बी] पहिया का आकार

सी] घर्षण की कोमलता या कठोरता

<u>डी] मेषसंख्या</u>

381] बेंच ग्राइंडर का उपयोग किसके लिए किया जाता है

ए] हैवी ड्यूटी वर्क

बी] भारी और हल्का कर्तव्य कार्य

<u>सी] लाइटड्यूटीवर्क</u>

डी] झाग का काम

382] बेंच ग्राइंडर a . पर लगे होते हैं

ए] बेस

<u>बी] टेबल]</u>

सी] व्हील गार्ड

डी] कन्वेयर

383] निम्नलिखित में से कौन सबसे अधिक इस्तेमाल की जाने वाली प्रेसिजन ग्राइंडिंग मशीन है?

ए] भूतल ग्राइंडर

बी] टूल कटर ग्राइंडर

सी] बेलनाकार ग्राइंडर

डी] येसभी

384] सरफेस ग्राइंडिंग मशीन टेबल स्लाइड ----------

ए] 'टी' __ 5.0.:

बी] 'वी' स्लॉट

सी] 'यू' स्लॉट

डी] रेडियल स्लॉट

385] सरफेस ग्राइंडर का उद्देश्य है

ए] घुमावदार सतह का उत्पादन करें

बी] सपाटसतहोंकाउत्पादनकरें

सी] बेलनाकार सतह का उत्पादन करें

डी] असमान सतह का उत्पादन करें

386] बेलनाकार पीस का उत्पादन हो सकता है

ए] सादा, सिलेंडरऔरकदमरखा

बी] योजना, पतला और सिलेंडर

सी] सिलेंडर, पतला और कदम रखा

387] अनुक्रमण की तीव्र विधि के लिए प्रयुक्त।

ए] डायरेक्ट इंडेक्सिंग हेड

बी] सरल अनुक्रमण शीर्ष

सी] यूनिवर्सल इंडेक्सिंग हेड

डी] उपरोक्त में से कोई नहीं

388] जहां बड़ी संख्या में समान टुकड़ों को अनुक्रमित किया जाता है वहां प्रयुक्त होता है

ए] डायरेक्ट इंडेक्सिंग हेड

बी] सरल अनुक्रमण शीर्ष

सी] यूनिवर्सल इंडेक्सिंग हेड

डी] उपरोक्त में से कोई नहीं

indexing head	Indexing Head Mechanism

389] डिफरेंशियल इंडेक्सिंग के लिए कई तरह के गियर बदलने के साथ प्रयोग किया जाता है]

ए] डायरेक्ट इंडेक्सिंग हेड

बी] सरल अनुक्रमण शीर्ष

सी] यूनिवर्सल इंडेक्सिंग हेड

डी] उपरोक्त में से कोई नहीं

390] घर्षण से बने ग्राइंडिंग व्हील्स अपने फ्री और कूल कटिंग एक्शन के कारण सबसे आम हैं]

ए] एल्यूमिनियमऑक्साइड

बी] सिलिकॉन ऑक्साइड

सी] अमोनियम ऑक्साइड

डी] कार्बाइड]

391] निम्नलिखित में से किस अपघर्षक का उपयोग ज्यादातर गैर-धातु सामग्री को काटने के लिए पहियों को काटने के लिए किया जाता है?

ए] एल्यूमिनियम ऑक्साइड

बी] सिलिकॉनकार्बाइड

सी] हीरा

डी] उपरोक्त में से कोई नहीं

392] टंगस्टन कार्बाइड टूल इंसर्ट को पीसने के लिए किस अपघर्षक कण का उपयोग किया जाता है?

ए] सिलिकॉनकार्बाइड

बी] ए|203

सी] हीरा

डी] कोरन्डम

393] निम्नलिखित में से कौन सा प्राकृतिक अपघर्षक है?

ए] एल्यूमिनियम ऑक्साइड

बी] सिलिकॉन

सी] बोरॉन कार्बाइड

<u>डी] कोरन्डम</u>

394] निम्नलिखित में से कौन सा निर्मित अपघर्षक है?

ए] कोरन्डम]

बी] क्वाट्र्ज

<u>सी] सिलिकॉन</u>

डी] एमरी

395] स्टील की फिटिंग को पीसने के लिए किस अपघर्षक कण का उपयोग किया जाता है?

ए] सिलिकॉन कार्बाइड

<u>बी] एल्यूमिनियमऑक्साइड</u>

सी] हीरा]

डी] बोरॉन ऑक्साइड

396] कंक्रीट के पत्थर और चिनाई को काटने के लिए किस प्रकार के अपघर्षक कट ऑफ व्हील का उपयोग किया जाना चाहिए?

ए] सिलिकॉन

बी] अल 203

<u>सी] डायमंडग्रिट</u>

डी] ग्लास

397] एल्युमिनियम ऑक्साइड व्हील पीसने के लिए प्रयोग किया जाता है ------------

ए] कच्चा लोहा

बी] सीमेंटेड कार्बाइड।

<u>सी] एचएसएस '</u>

डी] सिरेमिक

398] हीरे के पहिये का आबंध टिप्ड टूल की ऑफहैंड ग्राइंडिंग के लिए उपयुक्त है

ए] रेजिनोइड

बी] विट्रिफाइड

सी] शैलैक

<u>डी] धातु</u>

399] निम्नलिखित में से कौन सा बांड आमतौर पर प्रयोग किया जाता है?

<u>ए] विट्रिफाइडबॉन्ड '</u>

बी] रबड़ बंधन

सी] शैलैक बंधन

डी] सिलिकेट बंधन

400] पारंपरिक रूप से रेजिनोइड बॉन्ड के लिए इस्तेमाल किया जाने वाला प्रतीक ~~~~~~~ . है

ए] वी

बी] आर एफ

<u>सी] बी</u>

डे

401] ग्राइंडिंग प्रैक्टिस में "ग्रेड ऑफ व्हील" शब्द का अर्थ ------------- है।

ए] इस्तेमाल किए गए अपघर्षक की कठोरता

<u>बी] पहियाकेबंधनकीताकत</u>

सी] व्हील 0 एफ समाप्त करें

डी] काम के टुकड़ों की कठोरता

402] पहियों को काटने में किस बंधन का उपयोग किया जाता है?

एक रबर

बी] विट्रिफाइड

<u>सी] रेसिरजॉइड</u>

डी] शैलैक

57] वर्नियर हाइट गेज के किस भाग पर मेन स्केल डिविजन ग्रैजुएट किया जाता है? .

ए] बेस

B] वर्नियर प्लेट

<u>सी] बीम</u>

डी] ठीक समायोजन इकाई

Vernier Height
Gauge.png

58] मार्किंग के उद्देश्य से एक वर्नियर हाइट गेज -------- पर होना चाहिए
ए] मशीन टूल का बिस्तर
बी] सतहप्लेट
सी] स्क्वायर ब्लॉक
डी] कोई भी सपाट सतह
59] वर्नियर हाइट गेज का उपयोग करने से पहले सुनिश्चित कर लें कि --------
ए] लॉकिंग स्क्रू लॉक स्थिति में है
बी] स्क्राइबर लॉक है
C] वर्नियरकाशून्यमुख्यपैमानेकेशून्यकेसाथसंपातीहोताहै
डी] गिब प्रदान किया जाता है
60] वर्नियर हाइट गेज की अल्पतमांक है ....
ए] 0.05 मिमी
बी] 0.1 मिमी
सी] 0.02 मिमी
डी] 0001 मिमी
61] वर्नियर हाइट गेज को बिछाने के लिए ___________ का उपयोग किया जाना चाहिए
ए] वी ब्लॉक
बी] मशीन बिस्तर
सी] सतहप्लेट
डी] कोई भी सपाट सतह

62] वर्नियर हाइट गेज के बीम पर स्लाइड करने वाले भाग को ------ के रूप में जाना जाता है

ए] बेस

बी] बीम स्केल

सी] स्क्रिबर

डी] वर्नियरस्लाइड

63] वर्नियर हाइट गेज का आधार सामान्यतः __________ से बना होता है

ए] कच्चा लोहा।

बी] स्टील

सी] एल्यूमिनियम मिश्र धातु

डी] टंगस्टन कार्बाइड

64] लेआउट को चिह्नित करने के लिए किस उपकरण का उपयोग किया जाता है?

ए] माइक्रोमीटर

बी] वर्नियर

सी] गहराई नापने का यंत्र

D] वर्नियरहाइटगेज

65] वर्नियर हाइट गेज के साथ मार्किंग करते समय, वर्कपीस आमतौर पर ---------- होता है

ए] कोणप्लेटद्वारासमर्थित

बी] एक और काम के टुकड़े द्वारा समर्थित

C] एक हाथ से पकड़ा हुआ

डी] समर्थन के बिना आयोजित किया गया

www.ingramcontent.com/pod-product-compliance
Ingram Content Group UK Ltd.
Pitfield, Milton Keynes, MK11 3LW, UK
UKHW021919190726
13853UKWH00002B/745